道徳教育論

貝塚茂樹・林　泰成

JN060619

道徳教育論（'21）

装丁・ブックデザイン：畑中　猛

o-37

まえがき

　私たちが生きている社会は，将来への先行きの見えない困難と混迷に直面している。大きな社会変化の中で，私たちの価値観も揺れている。東西冷戦の終結した1990年代に普遍的な価値と信じられてきた「グローバル化」は，近年ではイギリスの EU 離脱に見られるように，ナショナルでローカルな方向へと向かう動きもある。世界全体が，不安定（Volatility），不確実（Uncertainty），複雑（Complexity），不透明（Ambiguity）の VUCA 時代に入っているという指摘もされている。

　混迷の中にあるのは日本も同じである。2000年代以降，「無縁社会」「不寛容社会」といわれる社会的孤立が問題となり，共同体や他者との関係性（つながり）の希薄さが問題視されてきた。また，様々な指標を組み合わせて各国の幸福度を測定する国際比較調査において，日本の順位は決して高くはない。たとえば，イギリスのレスター大学の「世界幸福地図（World Map of Happiness）」では日本の幸福度は90位，国連が毎年刊行している「世界幸福報告（The World Happiness Report）」（2019年版）では，58位であった。

　広井良典（京都大学）は，幸福度を規定する要素について，①コミュニティのあり方（人と人との関係性やつながりの質。いわゆるソーシャル・キャピタル［社会関係資本］とも関連），②平等度ないし格差（所得・資産の分配のあり方），③自然環境とのつながり，④精神的・宗教的なよりどころ等，を挙げている（広井良典『人口減少社会のデザイン』東洋経済新報社，2019年）。広井の指摘するこれらの要素は，道徳と密接に結び付いている。なぜなら，道徳とは，自分がどう生きるかという問いとともに，他者といかに関係性（つながり）を切り結ぶかを課題とするからである。

　先行きの見えない大きな社会変化が進行する中で，これからの社会を生きる子どもたちは，今までとは比べものにならない規模の構造的な社会変化を経験し，更に複雑で解決の難しい課題に直面しなければならな

4

いはずである。多元的な価値観の存在が前提とされ，その対立と葛藤の中で調和が求められる社会において，子どもたちにどのような資質・能力を育成するかは社会が向き合う喫緊の課題であると同時に道徳教育の使命である。

　しかし，これまでの日本社会では，道徳教育がこうした観点から論じられることは少なかった。それどころか，道徳教育は教育課題として論じられることよりも，むしろ政治的なイデオロギー対立の枠組の中で論じられる傾向が強かったことも否定できない。そして，これまでの道徳教育の在り方を反省し，将来を見据えて道徳教育の「質的転換」を目指して設置されたのが「特別の教科　道徳」であり，そのキーワードとなったのが「考え，議論する道徳」である。

　「特別の教科　道徳」の設置によって，日本の道徳教育は新たな一歩を踏み出したことは間違いない。教育は「国家百年の大計」と言われるが，未来の日本の子どもたちのために，現代に生きる私たちが「遺産」として引き継ぐべきものは何か。そのために私たちが何をすべきか。本書は，こうした課題を真摯に考え，誠実な議論を重ねるための基礎的な教材でもある。

　本書では，道徳教育の理論と歴史，「特別の教科　道徳」の目的と内容，道徳授業の指導法と評価に関する基本的な考え方を学ぶ。しかし，本書が意図することは，それだけではない。ここでの学びを基盤として，私たち一人一人が更に望ましい道徳教育のあり方について「考え，議論する」ことである。

　本書は，学校関係者や教員志望者だけではなく，広く道徳教育について学ぼうとする人々を対象としたものである。本書の学びが，これからの社会と子どもたちの未来を考えるためにわずかでも貢献し，道徳教育の充実に役立つことができれば幸いである。

2020年10月

貝塚　茂樹

目　次

はじめに　　　3

1 ｜ 道徳教育とは何か　　　　　　　｜ 林　泰成　11

　1．道徳と教育　11
　（1）道徳と倫理　11
　（2）道徳的諸価値　12
　（3）道徳的価値観の形成　13
　2．人権教育・キャリア教育と道徳教育　14
　（1）人権教育と道徳教育　14
　（2）キャリア教育と道徳教育　16
　（3）人間としての在り方生き方　17
　3．生徒指導・教育臨床と道徳教育　18
　（1）生徒指導と道徳教育　18
　（2）教育臨床と道徳教育　19
　（3）自律的主体としての人格の完成　20

2 ｜ 社会と道徳的価値　　　　　　　｜ 走井洋一　23

　1．道徳的価値とは何か？　23
　（1）3種の「正しさ」と道徳　23
　（2）価値と道徳　24
　（3）価値観とその類型　27
　2．義務論と功利主義　28
　（1）義務論　28
　（2）功利主義　29
　3．自由主義と共同体主義　30
　（1）自由主義—リベラリズムとリバタリアニズム　30
　（2）共同体主義—コミュニタリアニズム　33
　4．道徳的に生きることと道徳教育に携わること　34

3 ｜ 現代的課題と道徳教育　　　　　　｜ 林　泰成　39

　1．いじめと道徳教育　39
　（1）いじめ問題と道徳の教科化　39
　（2）いじめの予防と対処　41
　（3）いじめを理解させるための道徳科授業　42

2．情報社会と道徳教育　43
（1）情報教育と情報モラル　43
（2）Society 5.0　45
（3）人工知能と道徳教育　46
3．グローバル社会と道徳教育　47
（1）グローバル社会の道徳　47
（2）持続可能な開発目標　49

4 ｜ 日本における道徳教育の歴史（1）
―明治から昭和戦前期まで―　｜ 貝塚茂樹　51

1．日本の近代化と道徳教育の模索　51
（1）近代化と教育の課題　51
（2）修身口授（ぎょうぎのさとし）と翻訳教科書　52
（3）徳育論争　53
2．教育勅語と修身教育　55
（1）教育勅語の渙発とその内容　55
（2）修身教科書の特徴と国定修身教科書の成立　58
3．大正新教育運動と修身教育　59
（1）修身教授改革論の展開　59
（2）修身教授改革論と「川井訓導事件」　60
4．昭和戦前期の総力戦体制と道徳教育　61
（1）総力戦体制と国定修身教科書　61
（2）昭和戦前期の修身教育批判　63

5 ｜ 日本における道徳教育の歴史（2）
―戦後教育改革から現代まで―　｜ 貝塚茂樹　65

1．戦後教育改革と道徳教育問題　65
（1）「三教科停止指令」と修身科　65
（2）教育勅語問題と教育刷新委員会　67
2．「道徳の時間」の設置と「期待される人間像」　69
（1）「修身科」復活問題と「国民実践要領」制定論議　69
（2）「道徳の時間」設置論争の展開　69
（3）「期待される人間像」と道徳教育　71
3．臨時教育審議会と教育基本法の改正　72
（1）臨教審答申と道徳教育　72
（2）「生きる力」と「心の教育」答申　73
（3）教育基本法の改正と道徳教育　75

4．「特別の教科　道徳」の成立と道徳教育　76
（1）「特別の教科　道徳」設置の提言　76
（2）中央教育審議会の議論と「特別の教科　道徳」の
　　　成立　77
（3）「考え，議論する道徳」への転換　78
（4）「特別の教科　道徳」成立の歴史的意義　79

6 │ **諸外国の道徳教育**　　　　　│ 林　泰成　**81**

1．東洋文明と西洋文明　81
（1）東西の考え方の違い　81
（2）宗教教育と道徳教育　83
2．諸外国の道徳教育　84
（1）中国における道徳教育　84
（2）韓国における道徳教育　85
（3）イギリスにおける道徳教育　86
（4）子どものための哲学　87
（5）日本の道徳教育への示唆　88
3．道徳教育における多様性と普遍性　89
（1）AME と APNME　89
（2）多様性と普遍性　91

7 │ **道徳性の発達と道徳教育**　　　│ 荒木寿友　**93**

1．ピアジェによる道徳性の発達　93
2．コールバーグの道徳性発達理論　95
（1）道徳性とは何か　95
（2）道徳性の発達段階　97
（3）ギリガンによるケアと責任の発達の提唱　99
3．チュリエルの社会領域理論　100
4．道徳教育への応用　102
（1）セルマンの社会的視点取得の発達　102
（2）VLF プログラム　104
5．近年の道徳性研究　106

8 │ **道徳教育と宗教**　　　　　　　│ 貝塚茂樹　**110**

1．教育と宗教との関係　110
（1）学校における宗教教育　110
（2）人間存在と宗教　111

２．戦後の宗教教育と宗教的情操　113
（1）第二次世界大戦までの教育と宗教　113
（2）戦後教育改革と政教分離　114
（3）「期待される人間像」と学習指導要領　115
（4）「心のノート」とスピリチュアリティ　116
３．宗教教育の動向と道徳教育　119
（1）対宗教安全教育と宗教的寛容教育　119
（2）宗教文化教育としての「宗教リテラシー教育」　121
４．道徳科と宗教　123

9 │ 学校における道徳教育　│ 走井洋一　126
１．教育課程の構造と道徳教育　126
（1）教育課程と学習指導要領　126
（2）教育課程の構造　127
（3）教育課程における道徳教育　128
（4）高等学校における道徳教育　132
２．学校教育全体を通じた道徳教育　133
（1）各教科における道徳教育　133
（2）総合的な学習（探究）の時間，外国語活動，
　　特別活動における道徳教育　136
（3）生徒指導と道徳教育　137
３．学校教育全体を通じた道徳教育の進め方　138
（1）全体計画・年間指導計画　138
（2）道徳教育の推進体制　139

10 │ 道徳教育・道徳科の目標と内容　│ 走井洋一　142
１．道徳教育の目標　142
（1）道徳教育の目標　142
（2）道徳性の内実　144
２．道徳科の目標　146
（1）道徳科の目標　146
（2）道徳科の特質　148
（3）道徳科で育成が目指される資質・能力の内実　149
（4）その都度性から一貫性へ　150
３．道徳科の内容　151
（1）内容項目の位置付け　151
（2）内容項目の分類の視点　153
（3）内容項目の関連性と発展性　155

11 | 道徳科の指導法（1） ｜ 荒木寿友　158

1. 「考え，議論する道徳」とは　158
2. 道徳科における読み物教材の特徴　160
（1）道徳的価値に基づいた物語　160
（2）道徳的価値に対する認識の変化　161
（3）登場人物が「反面教師」の教材　162
3. 道徳科における発問について　163
（1）発問とはなにか　163
（2）中心発問　164
（3）場面発問　165
（4）テーマ発問　166
（5）補助発問　167
4. 「よりよく生きる」ための大前提　168

12 | 道徳科の指導法（2） ｜ 荒木寿友　171

1. 道徳科における質の高い多様な指導方法　171
（1）読み物教材の登場人物への自我関与が中心の
　　　学習　172
（2）問題解決的な学習　174
（3）道徳的行為に関する体験的な学習　175
2. モラルジレンマ授業の展開　176
（1）モラルジレンマ授業とは　176
（2）モラルジレンマ授業の実際　177
（3）モラルジレンマ授業における発問　178
3. 様々な道徳の授業　179
（1）道徳的知の探究学習（探究的道徳）　179
（2）絵本や歌，ポスターなどを用いた道徳科の授業　182

13 | 道徳教育の評価 ｜ 林　泰成　185

1. 道徳教育と評価　185
（1）学習指導要領における規定　185
（2）目標と評価　186
（3）診断的評価・形成的評価・総括的評価　187
2. 道徳科における評価　189
（1）専門家会議報告書における道徳科の評価　189
（2）評価のための工夫　190
（3）評価文の実際　192

（4）指導要録　193
3．学校における教育活動全体を通じての評価　193
（1）指導要録における「行動の記録」　193
（2）指導と評価の一体化　194

14 道徳科の計画と学習指導案　｜ 荒木寿友　197

1．年間指導計画の作成　197
（1）年間指導計画の意義　197
（2）全体計画と別葉の存在　198
（3）ローテーション道徳　200
2．道徳科の指導案の作成　201
（1）学習指導案の役割　201
（2）ねらいの書き方　204
（3）本時の展開（導入，展開，終末）の流れ　205
（4）板書の工夫　207

15 道徳教育のこれから　｜ 貝塚茂樹　210

1．「特別の教科　道徳」の目的と構造　210
（1）「考え，議論する道徳」への「質的転換」　210
（2）教育課程における道徳教育・道徳科の役割　212
（3）「考え，議論する道徳」と学力　213
2．道徳科の学びをどう充実させるか　214
（1）カリキュラム・マネジメントと道徳科　214
（2）カリキュラム・マネジメントと「深い学び」　215
（3）学校と家庭・地域社会との連携　216
3．道徳科設置の意義とこれからの課題　217
（1）道徳科の歴史的な意義　217
（2）これからの道徳教育の課題　219
4．おわりに　223

巻末資料　226
索引　237

1 | 道徳教育とは何か

| 林　泰成

《**目標＆ポイント**》　道徳と道徳教育の定義を検討する。また，それを基に，道徳教育とは何かという問題を，人権教育やキャリア教育，生徒指導や教育臨床など，道徳教育と関連して位置付けられる様々な教育活動と比較しながら，検討する。
《**キーワード**》　道徳，倫理，心の教育，人格の完成

1．道徳と教育

（1）道徳と倫理

　道徳教育について考えるために，まず，道徳がどのように定義されているかみてみよう。

　『広辞苑（第七版）』（岩波書店）では，「人のふみ行うべき道。ある社会で，その成員の社会に対する，あるいは成員相互間の行為の善悪を判断する基準として，一般に承認されている規範の総体。法律のような外面的強制力や適法性を伴うものでなく，個人の内面的な原理。今日では，自然や文化財や技術品など，事物に対する人間の在るべき態度もこれに含まれる」とある。社会に存在し，善悪を判断する基準として一般に承認されている規範であるが，しかし，外面的な強制力を持つものではないとされている。単純に考えれば，「人のふみ行うべき道」であるから，人に対して，嘘をついたりせず，あいさつをし，親切に行動すれ

ばよいと考えられる。しかし，社会に存在し，基準や規範であるといわれながら，強制力を持たないものであるから，法律と比べれば，あいまいな部分を含んでいるといわざるをえず，道徳の中身の理解については人によって異なってくる場合もありうる。しかし，一方でそうしたあいまいさが，ギアをうまく回すために必要な，ギアとギアの間の遊びのように，人間同士の関わりをスムーズに動かすための仕掛けとなっているようにも思われる。

　道徳と類似の概念として倫理という用語もある。こちらは，『広辞苑』をみると，「人倫のみち。実際道徳の規範となる原理。道徳」と記されている。道徳を意味してもいるが，「実際道徳の規範となる原理」であるということは，実際に道徳的行為が求められる場面で，その原理として機能するというような意味であろう。つまり，現実場面での道徳の上位の原理として位置付けられているといえる。

　さらに，上記の倫理の説明文の冒頭に出てくる人倫もまた道徳と類似した概念であるが，こちらは「人と人との秩序関係。君臣・父子・夫婦などの秩序。転じて，人として守るべき道」（『広辞苑』）と説明されている（加えて，哲学者ヘーゲルの用語としての説明もあるが省略する）。

　道徳は，英語では，moral という。この言葉は，ラテン語を語源としているが，そのもとの意味は慣習や風習や習俗を意味している。そこから考えると，人が生きる上でしたがってきた慣習や風習や習俗を意味していると捉えることができる。ここでは，学びの出発点として，日常生活の中で私たちがしたがっている慣習や風習や習俗として捉えることにしよう。

（2）道徳的諸価値

　学校における道徳教育の目標や内容等などを規定している学習指導要

領というものがある。その小学校版，中学校版における道徳教育の目標の中に，「よりよく生きるための基盤となる道徳性を養うため，道徳的諸価値についての理解を基に」という文言がある。この規定にしたがって，現在の日本の道徳教育では，道徳的諸価値というものを基にして道徳教育が行われることになっている。

　この道徳的諸価値は，たとえば，［自主，自律，自由と責任］，［思いやり，感謝］，［遵法精神，公徳心］，［生命の尊さ］などである。こうしたものは，以前には，徳目と呼ばれていた。現在は，学習指導要領にならって道徳的価値と呼ばれている。学習指導要領は法的拘束力があるといわれているので，この道徳的価値を教えることは，現在の日本の道徳科授業では，かならずやらなければならないことになっている。したがって，道徳教育とは，道徳的価値を教える教育であるという言い方もできる。

（3）道徳的価値観の形成

　では，ある決められた道徳的価値を教えることだけが道徳教育なのだろうか。そうではない。

　たとえば，友情という道徳的価値を教えたとして，子どもがどのようにそれを学べば，教えたことになるのだろうか。ある子は，友情を大切にするあまり，警察官に友人の犯した罪を正直にいわないかもしれない。別な子は，友人を更生させることこそが真の友情だと考えて警察官に密告するかもしれない。両者ともに，友情を大切にしているが，その行為はまったく逆になっている。そのような内容の教材の1つとして，小学校では「ロレンゾの友だち」という教材がある。

　あるいはまた，複数の道徳的価値が子どもたちに教えられることになるが，しかし，その諸価値のいずれを優先するかは，子どもよって異な

る。ある子は，「今日学んだ友情こそが一番大切だ」と考えるかもしれないが，別な子は，「正義は友情に勝る」と考えるかもしれない。また別な子は，「いや，思いやりこそ一番大切だ」と考えるかもしれない。

　つまり，同じ道徳科授業で同じように道徳的価値を学んだとしても，子どもたちが自らのうちに形成する道徳的価値観は，それぞれ違ったものになり得るのである。そうした価値観の形成は，教師側からの教えと子どもたちの学びが相俟って，作られていく。しかも，一度形成されたとしても，道徳科授業での学びや，日々の生活の中での体験などから，その価値観は，何度も何度も作り変えられていくことであろう。道徳的価値を教えることが道徳科における指導法の基礎にあるとはいえ，それは単純な教え込みの教育なのではないといえるだろう。

　そのように考えると，道徳的価値を教えるだけでなく，将来，子どもたちが大人になったときに，自らの理性によって，自分の有している道徳的価値観が本当に正しいものであるのかどうかを吟味できるような能力を育成することも，道徳教育の一部であるといえる。

　さらに，道徳は，先に述べたように，たんに慣習や風習や習俗であるだけでなく，理性的な反省によって明らかになるものでもある。前者のような道徳を慣習的道徳といい，後者のような道徳を理性的道徳（あるいは原理的道徳，反省的道徳）という。

2．人権教育・キャリア教育と道徳教育

（1）人権教育と道徳教育

　人権教育とは，人権について教え，人間尊重の価値観や態度を育み，行動へと向かわせるための教育活動である。

　人権教育は，自由や平等を人権として教えるという点で道徳教育とも重なっている部分がある。国際連合でも，世界に向けて人権教育の重要

性を発信している。

　たとえば，国際連合は，1948年には世界人権宣言を採択し，その後，1995年からの10年間を「人権教育のための国連10年」とし，様々な取り組みを実施してきた。また2005年からは，「人権教育のための世界計画」を実施し，5年毎に段階を区切って，2020年からは，第4段階（2020年～2024年）が始まる。

　ところが，道徳教育に関しては，国際連合は，宣言も出していないし，特別な取り組みは何もしていない。これはどういうことであろうか。

　道徳教育は，人権教育とも関連しているが，しかし，人権教育とは別種の様々な内容が含まれてもいる。それぞれの国の特徴的な伝統文化なども取り上げられており，たとえば，愛国心を強く打ち出している国においては，その国への愛国心を強調するあまりに他国を侮蔑するような内容が取り上げられるようなことも起こり得る。人権の内容が世界共通のものとして認識されるのと比べると，道徳は，どのような国においても必要なものではあるが，その具体的な内容は，国の事情によって異なっている。こうした点が，世界共通のプログラムとして道徳教育を発信することの難しさにつながっている。

　日本では，我が国独自の人権問題としての同和問題もある。同和問題とは，「日本社会の歴史的発展の過程で形作られた身分差別により，日本国民の一部の人々が長い間，経済的，社会的，文化的に低位の状態を強いられ，今なお日常生活の上で様々な差別を受けるなど，我が国固有の重大な人権問題」（公益財団法人人権教育啓発推進センターパンフレットより）である。

　この同和問題を解決するための教育が同和教育である。同和問題に関する特別措置法がなくなって以降，同和問題は，人権問題として取り扱われるようになっており，同和教育も，人権教育の中で語られたり，人

権・同和教育と呼ばれたりしている。

　差別やいじめなどの人権問題に関わる事態が学校で起こると，「絶対に許されることではない」と強い指導が入る。子どもに対しては教師から，学校に対しては教育委員会から指導が入る。しかし，道徳の問題の場合，たとえばあいさつは，やった方がよいけれども，「あいさつしないことは絶対に許されない」というようなことにはなりにくい。

　つまり，道徳教育では，あいさつのような道徳を守れなかったのはなぜだろうかということを授業の中で語り合えるのに，人権教育では，人権を守れなかったのはなぜだろうかということを皆で語り合うことが難しいのである。

　道徳教育と人権教育は，相互に関連して行われるのが望ましいように思われるが，しかし，「そこからの逸脱は絶対に許されない」という視点からみると，人権教育が基礎になって道徳教育が成り立つようにも思われる。

（2）キャリア教育と道徳教育

　キャリア教育とは，「一人一人の社会的・職業的自立に向け，必要な基盤となる能力や態度を育てることを通して，キャリア発達を促す教育」（中教審答申，2011）のことである。これが道徳教育と関連するのは，両方ともに，人としてどう生きるかという問題を含んでいると考えられるからである。

　また，キャリア教育には，定められた授業時間があるわけではないので，道徳教育的な内容を含む場合には，道徳科で実施することもありうる。学習指導要領「第3章特別の教科　道徳」にも，小学校では［勤労，公共の精神］，中学校では［勤労］として，キャリア教育的な内容が取り上げられることになっている。

　道徳教育は，小中学校・高校でも行われているが，道徳科授業は，小中学校でしか行われていない。キャリア教育は，進路指導という形で，高校の教員が一番よく指導経験を積んでいるといえる。近年，キャリア教育は小学校段階から取り組まれているが，小中高と一貫した取り組みとして実施するなら，道徳教育との連携を考えることが望ましい。あいさつの問題など，一見して，キャリア教育に直結するとは考えられないような道徳の問題も，実は，職場体験活動などで重要な意味を有するものもあるからである。たとえば，接客業のお店に入って，あいさつの仕方を最初から学び直さなければならないというのでは，職場体験活動の時間があまりにももったいないとはいえないだろうか。そうしたことを身に付けた上で，職場に入り，その職業のやりがいを感じられるような体験になるとよい。

（3）人間としての在り方生き方

　道徳教育は，究極のところ，何を教えるものなのだろうか。もちろん，学習指導要領に記されている目標は明らかであるが，そこにはあまりにもたくさんのことが記されている。道徳的諸価値を教えなければならないことになっているとはいっても，道徳的諸価値を教えるだけで道徳教育は行われたといえるかと問えば，それも難しいといわざるを得ない。そうしたことは，前述の議論ですでに明らかだろう。

　つまるところ，道徳的諸価値を教えつつ，小学校では，「自己の生き方」，中学校では，「人間としての生き方」，高校では，「人間としての在り方生き方」を教えるととらえておこう。これらの言葉は学習指導要領にも記載されている。

　これからの未来社会においては，人工知能なども格段に進歩する。そうなったときに，人間は，人間としてどういった生き方をするのかが，

今まで以上に問われることになるのではないか。そしてそうした問いは，未来社会の到来後だけでなく，今ここで私たち自身が考えなければならない問題でもある。

しかも，この問題は，かなり重層的である。たとえば，どのように生活費を稼ぐのか，なんのために働くのか，お金儲けだけなのか，社会貢献という視点は必要ないのか，家庭人として仕事と生活のバランスはどうするのか，より楽しい仕事を選ぶのか，それともより収入の多い仕事を選ぶのか，一個の実存として何を求めて生きるのか，等々。

こうしたことは大人になってから考えればよいと思われるだろうか。

小学生の子どもたちに将来就きたい職業を聴くと，両親の仕事か，サッカー選手などのスポーツ選手，パティシエなどがあがってくる。いろんな中から選んでいるようにみえるが，身近な人の職業か，テレビなどで見聞きしたことのある職業であることがほとんどである。じつは，小学生の目には，世の中の多くの職業が何をどのように行うものなのかについては，まったく届いていない。様々な職種の情報を紹介しつつ，自分はどう生きるのかを考えさせることが必要だと思われる。そうした意味でも，道徳教育とキャリア教育には連携が求められるのである。

3．生徒指導・教育臨床と道徳教育

（1）生徒指導と道徳教育

生徒指導は，学習指導と並んで，直接的に児童生徒に対する指導として行われる。ときとして，生徒指導は，問題行動に対する対処のように扱われるが，本来は，すべての児童生徒が対象である。

問題を起こした際に行われる生徒指導を消極的生徒指導という。すべての児童生徒を対象に，成長を促進する働きかけとして行われる生徒指導を，積極的生徒指導という。

　生徒指導と学習指導は車の両輪に例えられる。狭義の学力を高める指導は学習指導だが，学習指導もまた安定した生活態度を抜きにしては行えないから生徒指導が必要だといえる。そういう意味で，車の両輪である。

　では，生徒指導と道徳教育はどういった関係にあるのだろうか。

　道徳教育は，他の教科とは違って，狭義の学力を伸ばすものとは考えにくい。そうすると，生徒指導の一部のようにも思われるが，しかし，現在では小学校および中学校では「特別の教科」という位置付けになっており，教科書も存在する。直接的な生活態度の指導というようなものではない。

　よくいわれるのは，道徳科の教育が行っているのは，漢方薬による体質改善のようなものだということである。長い時間をかけて，学びをしみこませていくような教育なのである。生徒指導が，もっと直接的な働きかけだとすれば，生徒指導と道徳教育もまた車の両輪であるといえよう。

（2）教育臨床と道徳教育

　教育臨床という言葉で理解されることは，人によって異なる。臨床心理学的な知見での教育を意味しているようにも思われるし，M．J．ランゲフェルドの臨床教育学の流れをくむようにもみえるかもしれない。ここで強調したいのは，臨床という言葉が本来使用されていた医学領域で有していた2つの意味である。それは，個別対応と患者（問題を抱えた人）に対する対応の2つである。

　道徳科授業は，一斉授業の形で行われている。しかし，個々の子どもたちの道徳性の発達段階は様々である。その子にあった対応が求められるといえる。ところが，カウンセリングのアプローチは個別対応を基本

としているが，道徳教育とりわけ道徳科授業はそうはなっていない。

　心の教育という言葉もある。これは，通常の道徳教育とは少し異なるところがあって，一人一人の子どもの居場所作りのような取り組みを含んでいるように思われる。道徳的価値を教えるというよりは，心の安定や心の健康を目指しているように思われる。近年では，道徳教育を語る中でも，自尊感情（セルフ・エスティーム）という言葉が使われるようになっている。その言葉は，他者と比べての自分の優越性を誇るのではなくて，自分の駄目な部分をも受け入れることのできる心の状態を示している。こうした言葉で語られているのは，従来の道徳的価値を教えるだけでは十分ではないと考えている実践家や研究者がいるということであろう。

　けれども，道徳教育には，集団で行うことが望ましいという一面もある。道徳教育には，集団が有する規範の学びという面を有するからである。個別対応と集団の学びをどう調整するかを考えることは，今後の道徳教育の在り方を考える上でも重要な問題となっていくことであろう。

（3）自律的主体としての人格の完成

　道徳教育から離れて，教育一般の目的を考えると，どのように説明できるだろうか。

　教育基本法では，目標に先行して第1条に，「教育は，人格の完成を目指し，平和で民主的な国家及び社会の形成者として必要な資質を備えた心身ともに健康な国民の育成を期して行われなければならない」と記されている。その冒頭には，「教育は，人格の完成を目指し」とある。

　これも，理解しづらい概念ではある。人格の完成という場合，その理想型，すなわち，こうなったときに人格が完成したといえるモデルはあるのだろうか。

　また，性格とか，人間性とかではなく，人格という言葉が使われているが，この内実は何だろうか。

　もちろん，日常の言葉は，通常は，厳密な定義などなく使用されるのであり，語句相互の関係性の中で，それぞれの持つ意味が現れてくるといえるだろうから，そうした問いを投げかける方が問題なのかもしれない。しかし，この言葉が，性格の完成や，徳目を身に付けていることや，人間性の育成に関係しているのだとすれば，この教育の目的は，まずは，道徳教育にゆだねられているといえるのではないか。そうだとすれば，人格の内実は，どのような道徳教育を実施するかに関わってくる。道徳教育においても，ないがしろにはできない問題なのである。

　ところで，教育基本法ではこの「人格の完成を目指し」のあとに，「平和で民主的な国家及び社会の形成者として必要な資質を備えた心身ともに健康な国民の育成を期して」と記されている。日本の法律であるから，ここにいう「国民」は日本国民を意味していると解される。しかし，これだけグローバル化が進み，地方の学校にも，外国にルーツを持つ子どもたちが大勢いる中で，それでよいのかという疑念がわいてくる。

　小学校および中学校の学習指導要領には，「日本人としての自覚」という表現も用いられているが，これにも同じように違和感を覚える者がいるだろう。ましてや，この表現は，「国際理解，国際親善」の内容の箇所で用いられているのである。外国にルーツを持つ子どもたちへの配慮なしで国際理解や国際親善に資する教育ができるのであろうか。検討の余地があろう。

　もちろん，学校現場において，教師は，外国にルーツを持つ子どもに「日本人としての自覚」を持つようにと強制はしないだろうし，その子にふさわしい適切な指導が行われているとは思う。しかし，教育基本法や，法律と同様に法的拘束力があるといわれている学習指導要領にこう

した記載があるということは，今の時代にそぐわないのではないか。

　こうした見解に対しては，「法的にそうなっているのだからそれにしたがわなければならない」との主張もありうる。しかしながら，「人格」という語には，「道徳的行為の主体としての個人。自律的意志を有し，自己決定的であるところの個人」（『広辞苑』）という意味もある。道徳教育の目指すところが，そうした「人格」であるとすれば，教師は，法を超えた視点で，自律的に判断し，教えることが求められるともいえるのではないか。なぜなら，教師は，一個の人格として，子どもたちのモデルになりうる存在なのだからである。また，教師が，他律的な態度で，与えられた枠組みの中でのみ道徳教育を行うということでは，子どもが，自律した人格としては育たないのではないかと思うからである。

引用・参考文献

新村出『広辞苑』（岩波書店，2018年）
中央教育審議会「今後の学校にキャリア教育・職業教育の在り方について（答申）」（2011（平成23）年1月31日）
林泰成『道徳教育の方法』（左右社，2018年）
田中智志『人格形成概念の誕生——近代アメリカの教育概念史』（東信堂，2005年）

学習課題

1．道徳的価値を教えることと道徳的価値観を形成することはどのように違うのだろうか。考えてみよう。
2．道徳教育と人権教育はどのように関連しているのだろうか。整理してみよう。
3．道徳教育とは何か。自分の考えをまとめてみよう。

2 │ 社会と道徳的価値

│ 走井洋一

《**目標＆ポイント**》 道徳教育はその内容として正しさや善さに関わる道徳的価値を扱うことになるが，それは私たちが生きている社会とどのように関わるのかについて，倫理学の歴史を簡単に振り返り，それぞれの立場を確認していく。
《**キーワード**》 道徳的価値，義務論，功利主義，自由主義，共同体主義

1．道徳的価値とは何か？

（1） 3種の「正しさ」と道徳

　私たちの生活は，「正しさ」に関わるものを抜きにして成り立たない。たとえば，私たちは物理法則に基づいて物体の運動についての様々な出来事を予測し，あらかじめ対応している。物理法則が「正しい」こととして前提されているからである。あるいは，社会において「正しい」とされていることに準拠しながら行為し，生活してもいる。また，ある絵画を見て美しいと思うとき，そこには美しさの基準が「正しい」ものとして前提されている。

　これらはすべて「正しさ」に関わるものであるが，それぞれに異なっていることに気付くだろう。第1のものは実証することが可能で，誰にとっても同様の帰結をもたらすものである。もちろん，現在正しいと考えられているものが反証・更新され，新たな知見が見出されていくこともあるが，反証それ自体も共有されることになるため，その正しさは（あ

るいは誤りも）他の人と共有可能であるという特徴を持つ。これを**事実的な正しさ**と呼ぶことができる。

　第2のものについて考えてみよう。ある社会において正しいとされることが別の社会では必ずしも正しいとされないことがある。社会のレベルだけでなく，個人のレベルにおいても同様で，ある人が正しいと考えて行為したことが別の人にとっては正しいと捉えられないことはしばしばあることである。同じ社会で生活していると，その社会で正しいとされることを一定程度共有することになるが，事実的な正しさのように誰とでも共有できるわけではない。こうしたものを**価値的な正しさ**と呼んでおこう。

　そして，第3のものは，**美的な正しさ**と呼ぶことができるものである。美的な正しさは誰とでも共有できるものでないという点で価値的な正しさといってもよいかもしれないが，価値的な正しさが行為や生き方に関わるのに対して，美的な正しさは美しさに関わることに違いがある。

　もちろん，これらを峻別できるとする立場もあれば，むしろ峻別するべきではないという立場もあることに留意する必要があるものの，いずれの立場であっても，それらが別の正しさを表すものであること自体は合意されるであろう。それぞれ「真」・「善」・「美」と表現することもあるが，同じ「正しさ」という言葉を用いても，そこに差異を見出すことができる。道徳はこの価値的な正しさに基づくものであって，道徳的価値は行為や生き方に関わる正しさ（善さ）と考えてよいだろう。

（2）価値と道徳

　道徳や道徳教育に対する誤解としてよくみられるのは，道徳が価値的な正しさ（善さ）に基づくのであれば，事実的な正しさのように他者と共有できるものではないのだから，人それぞれでよいとするものである。

確かに，善さは誰とでも共有できるものではない。そのため，共有できないのであれば，そもそも共有することを目指す必要はないという主張も成り立ちそうである。

　しかし，私たちは社会的存在であるがゆえに，私たちの行為や生き方が他の人に影響を与えうることから考えて，全くの自由に（＝完全に無制約的に）振る舞うことはできない。それどころか，私たちは後にそこを離脱することができるとしても，さしあたっては生まれた社会で生活していくことを余儀なくされており，それゆえに，その社会で正しいとされる価値を引き受けることでしか生きていくことができないといえるだろう。

　ただ，ある社会に対して順応的・適応的にだけ振る舞い，そこで通用している善さを無批判に受け入れていくだけであれば，それらがより広い視点（たとえば人類や地球といった視点）からみた場合誤っていたとしても誤っていると認識することすらできないであろう。そしてまた，そうした在り方が全体主義などに結び付いてきたことは歴史が教えるところである。

　それゆえ，私たちは既存の社会で通用している善さを自らの基準に照らしてその妥当性を問いながら引き受けることが必要である。その場合の基準は，大別すると，一方ではプラトンに遡ることができるイデアに（**実在論**），他方ではアリストテレスに遡ることができるプラクティスに（**非実在論**）依拠する。前者は現実世界を基礎づけるイデアに依りつつ善さを判断することになるが，洞窟の比喩で示されているように，生まれながらにイデアを知りえているわけではないから生活しつつイデアに至ろうとしていること，また，後者は不断に展開される実践の中で善さを見出そうとしていることから考えて，「**より善さ**」を志向するという点においては共通しているといえる。その点は，「道徳的価値とは，よ

りよく生きるために必要とされるもの」（『小学校（中学校）学習指導要領（平成29年告示）解説　特別の教科　道徳編』）と説明されていることにもつながる。それゆえ，道徳は，それぞれの人に完全に委ねられるわけではなく，社会生活という営みにおいて，そこで共有される善さを自らの基準と照らしてその妥当性を問いながら，再構築し続けることであるといってよい。確かに，社会で共有される善さをいったん引き受けて行為するため，多くの場合それに準拠した行為が選択・実行されることになるが，自らの基準に照らして妥当性がないと判断した場合，社会で共有される善さを逸脱する行為を行うことになる。社会で共有される善さはそれまで積み重ねられてきたものであるから，こうした逸脱行為は当該の社会やそれより広い範囲から考えても妥当性を欠いていることが多く，たいていの場合共有されずに破棄されることになるが，逸脱行為の方がより妥当性があるとして社会の他の構成員の多くから受け入れられれば，それが社会で共有される新たな善さを形作ることになる（図2‐1）。とはいえ，このプロセスは非常に長い時間にわたって生じるも

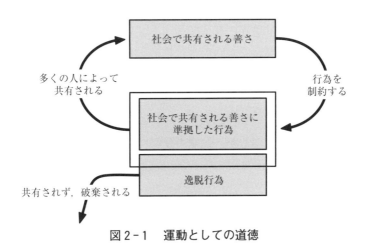

図2‐1　運動としての道徳

のであるため，その中にいる私たちはそのような変化が生じていること
に気付きがたいが，歴史を辿ってみることで社会で共有される善さが変
容してきたことを知ることができる。それゆえ，道徳とはこのように「**よ
り善さ**」を目指す運動であると考えることができるだろう。

（3）価値観とその類型

　社会で共有される善さを更新し続ける運動が道徳であるということを
別の側面からみてみると，価値とそれに対する見方（＝価値観）がある
ということにほかならない。善さは誰とでも共有できるものではないと
いうとき，これはそれぞれの価値観が異なっていることを意味している。
たとえば，「思いやり」という価値について，他の何にもまして重要だ
と考える人もいれば，それよりも自分自身を大切にすべきだと考える人
もいる。このように，価値をどのように捉えるかという価値観は多様で
ありうる。図2‐1に照らして考えれば，社会で共有される善さが価値
といえるが，それに対する見方，すなわち価値観は多様であるから，そ
れに準拠したり，逸脱したりすることが生じる。そして，それが繰り返
されることで場合によっては価値そのものが変容していくことにもなる
のである。

　ただ，価値観が多様であるとしても，一定程度類型化することは可能
であろう。類型化の試みもまた，これまで多様に行われてきているが，
ここでは，現在の私たちにも通用していると考えられるものとして，行
為を選択・判断する場合に，意志自体を重視するのか（**義務論**），それ
とも，行為の帰結を重視するのか（**功利主義**），また，一定の制限の範
囲内で個人の自由にしてよいとするのか（**自由主義**），それとも，そも
そも個人の自由にすることは原理的にできず，社会的な制約を引き受け
つつ決定するとするのか（**共同体主義**），という4つの立場がある。も

ちろん，これら以外の立場もありうるし，これらの中でもさらにいくつかの立場に分かれている。そして，そもそもこれらは理念モデルにすぎないため，現実に通用しているといっても，そのまま現れているわけでもない。こうしたことに留意しつつ，以下ではそれぞれの立場について考えてみよう。

2. 義務論と功利主義

（1） 義務論

　Ⅰ.カントは，行為はすべて意志によって生じると考えた。そして，そのうち，正しい行為を導く意志を「善い意志」とした。善い意志は他の何かによって善いとされるものではない。たとえば，運動したいという意志について考えたとき，健康のために運動したいとすると，その意志それ自体が善いのではなく，健康の方が善いものとなってしまう。このような場合の意志を仮言的というが，善い意志はそれ自体で善いものであるとし，それを定言的と呼んだ。それでは，この定言的な善い意志はいかにして生み出されるのだろうか。

　カントによれば，「実践的規則」，すなわち善い意志を導く規則は「つねに理性の産物」であり，「理性のみを意志の唯一の決定根拠とはしないような〔存在〕者にたいしては，命法」（『実践理性批判』，〔　〕は訳者）となるという。ここには2つのことが含意されている。第1に，実践的規則が理性から導かれるということである。しかしながら，第2に，理性以外（たとえば，感性）からも意志が生み出されるような存在者，すなわち人間の場合，理性から生み出された善い意志はそれ以外から生み出された誤った意志と拮抗するが，善い意志が正しいわけであるから，最終的には善い意志以外の意志は抑圧されることになる。それゆえに，善い意志は「〜しなければならない」という命法（命令）の形で私たち

に与えられるという。

　ただ，個々人に与えられる命法が私たちすべての人にとっての命法となるために，カントは「君の意志の格律〔行動方針〕が，いつでも同時に普遍的立法の原理として通用することができるように行為しなさい」（同上，〔　〕は訳者）という根本法則を置いた。すなわち，個々人にとっての格律（その人だけに通用する命法）をすべての人の命法としたときに矛盾なく成立するようにしなければならない，ということである。たとえば，嘘をついてよいかどうかについて考えてみよう。詐欺師であるAは嘘をつくべきだと考えている。当然ながらAにとっては嘘をつくことで他の人を騙して利益を得ようとするわけであるから，騙す対象である他の人は嘘をついてはならないと考えていることが前提される。なぜなら，もし他の人も嘘をつくべきだと考えていたとしたら，Aの言葉を聞いた時点で嘘だとわかってしまい，騙すことなどできないからである。それゆえ，Aと他の人とでは異なった命法に立脚することになり，矛盾している。つまり，嘘をつくべきだとするAの命法が誤っており，嘘をついてはならないという命法が善いものだということになる。

（2）功利主義

　意志を起点に考えると，意志の善ささえ担保できれば，どのような帰結であってもよいということになってしまう。たとえば，約束をした友人と会うための途上で困っている人がいたとしても（たとえそれが生命の危機に瀕している人であったとしても），カントの立場では，その人を助けることは自分以外でもできるが，約束を守ることは自分にしかできないため，助けずに約束を守るという選択になる。なぜなら，約束を破る行為は嘘をつく行為に該当するため，上述のように認められないからである。それゆえ，行為の帰結に注目しようとしたのが，J．ベンサ

30

ムである。ベンサムは「われわれが何をしなければならないかということを指示し，またわれわれが何をするであろうかということを決定するのは，ただ苦痛と快楽だけである」と述べて，これを「功利性の原理」，あるいは「最大幸福または至福の原理」と名づけた（『道徳および立法の諸原理序説』）。

　この場合の「功利性」とは「ある対象の性質であって，それによってその対象が，その利益が考慮されている当事者に，利益，便益，快楽，善または幸福を生みだし，または，危害，苦痛，害悪または不幸が起こることを防止する傾向をもつもの」を意味している（同上）。それゆえ，ここでいう快楽と苦痛は，感情として生じるものだけではなく，利益や幸福，危害，不幸なども含むが，重要なのは，彼自身がその仕方を詳細に示したように，それらの計算が可能なことであって，そうした計算が個人にとどまらず，複数の人々の間でも成り立つとしている点である。つまり，個々人が行為の結果生じる快楽や苦痛を比較し行為を決定できるだけでなく，複数の人々が集まる社会において，快楽が過剰な人と苦痛が過剰な人それぞれの人数を比較し快楽が過剰な人の人数が多い行為を選択するべきであるとしたのである。こうした計算に基づいて，快楽を得る人ができるだけ多くなるような行為を選択するべきであるというのが功利性の原理にほかならない。私たちの社会では，ある社会的事業を行う際に費用便益分析という形でコスト（費用）とベネフィット（便益）を比較し，公共性を担保しているかどうかを判断しているが，これはこの原理に基づいている。

3．自由主義と共同体主義

（1）自由主義—リベラリズムとリバタリアニズム

　功利主義は行為の帰結のみに注目するという点で非常に明快な道徳原

理であったが，功利性の原理に基づくのであるから，多数の利益のため
に少数の利益を侵害してもよいということになる。この難点を乗り越え
るために，Ｊ．Ｓ．ミルは，個々人が自分の思いのまま，つまり自由に行
為することができれば，それぞれが幸福になるので，全体の幸福が増大
する，すなわち功利性の原理に適うと考えた。それゆえ，ベンサムの（量
的）功利主義に対して，質的功利主義と呼ぶこともある。とはいえ，無
制約的に自由を認めれば，社会が破綻してしまうから，社会を成立させ
つつ個々人の自由を認める方向を，相互の利益を侵害しないことと，「社
会あるいはその成員を危害や妨害からまもるために必要な労働と犠牲の
分担を」引き受けること，の２点に見出し，この範囲において個々人は
自由に行為してよいとした（『自由論』）。このとき，その当人にいかに
不利益がもたらされるものであったとしても，上記の範囲内で選択した
のであれば，それも認められるとしている。

　ただ，これだけでは社会的・経済的不平等を是認してしまうことにな
りかねない。それゆえ，さらに自由の範囲を制限しようとしたのが，Ｊ．
ロールズである。彼は私たちがある種の偏りをもって判断しているため
にその判断が正当性を欠いていると考え，自らの置かれているあらゆる
条件について無知である（「無知のヴェール」）「原初状態」を仮定し，そ
のもとで，誰もが自分の利益を最大化するとしたら，どのようなルール
が必要になるかを考え，「各人は，平等な基本的諸自由の最も広範な〔＝
手広い生活領域をカバーでき，種類も豊富な〕制度枠組みに対する対等
な権利を保持すべき」であるが，「ただし最も広範な枠組みといっても
〔無制限的なものではなく〕他の人々の諸自由の同様〔に広範〕な制度
枠組みと両立可能なものでなければならない」（〔　〕は訳者）とする第
一原理を掲げた（『正義論（改訂版）』）。つまり，誰にも同等の自由があ
るが，それはお互いの自由を侵害しない程度にとどめられるべきである

ということを意味している。これは，ミルが示した自由の範囲とほぼ同
様と考えてよいだろう。ただ，第一原理だけであれば，経済的格差やそ
れに起因する様々な社会的資源へのアクセスの制限などの不平等を是正
するような自由の制限を正当化できない。それゆえ，ロールズは社会的・
経済的不平等を是正するための第二原理として，（a）「不平等が各人の
利益になると無理なく予期しうること」と，（b）「全員に開かれている
地位や職務に付帯する〔ものだけに不平等をとどめるべき〕こと」（同
上，〔　〕は訳者）を示した。社会的・経済的不平等を是正する際には
当然ながら自由の制限についての不平等が生じるが，不遇な人たちに利
する範囲でその不平等を認めるべきであるというのが（a）である。た
とえば，経済的格差を是正するために所得の多い人から少ない人への再
分配が行われる場合，所得の多い人は自らの所得を自由に使用すること
を制限されることになるが，こうした自由の制限は認められるというこ
とである。ただ，不平等を是正したとしても私たちには能力差があり，
その能力に応じて公平な競争のうえで社会的地位が配分されることは認
めるべきであるとするのが（b）である。このようなロールズの立場を
リベラリズムという。

　一方で，個人の自由を過剰に制限することは個人の権利を侵害するこ
とにほかならないとする立場がある。たとえば，R.ノージックは，個
人の自由を制約するのは国家の役割になるため，国家の役割の範囲を確
定することが個人の行為選択の範囲を明らかにするとし，犯罪から守ら
れることや契約履行を執行させるだけの最小国家こそが妥当であると主
張した。もちろん，自発的な相互扶助は認められるが，国家が私たちの
行為選択に過剰に介入することを排除したのである。こうした立場を**リ
バタリアニズム**と呼ぶ。リベラリズム，リバタリアニズムいずれも，個
人の自由を重視することに違いはないが，リベラリズムが社会的・経済

的不平等を是正するために富の再分配を認めるのに対して，リバタリアニズムは自発的な交換以外は認めないとする点に違いがある。

（2）共同体主義—コミュニタリアニズム

　リベラリズムもリバタリアニズムも私たちが偏りなく適正な判断を下すことができることを前提としている。ロールズは適正な判断を阻む要因を「無知のヴェール」によって排除しようとしたが，それがそもそも不可能だとする主張がある。A.マッキンタイアは，「〈善き生を生きる〉ということが何かは環境によって具体的に変化する」ものであって，「私たちは皆，特定の社会的同一性の担い手として自分の環境に接近する」と述べる。すなわち，私たちが行為選択を行う際に，その選択自体にすでに何らかの偏りがあるということにほかならない。とはいえ，偏りがあることを自覚したとしても，抜け出せるものではなく，引き受けていくしかないというのが彼の主張である。彼は，「私」という存在が「私の家族，私の都市，私の部族，私の民族の過去から，負債と遺産，正当な期待と責務をいろいろ相続している」のであって，これらが「人生の所与となり，私の道徳の出発点」になっているという（『美徳なき時代』）。それらを排除しようとしたロールズに対して，マッキンタイアはそれらを排除することなどできないし，それらを引き受けることでしか私たちは行為決定を行うことができないと主張したのである。

　さらに，M.サンデルはロールズの原初状態を「負荷なき自己」として批判する（『公共哲学』）。マッキンタイア同様，サンデルも私たちが生活していくかぎり，逃れることができない負荷があると考えている。原初状態にある人間は社会に関与することなどできないから，そもそも道徳的な問題に関与することもできないというのである。道徳的に生きることは，自分自身を特定の人間，たとえば，家族，コミュニティ，国

家，民族の一員，歴史を担う者として理解することと分けることができ
ず，そうした特定の人間であるということが人格を形作ってもいると主
張している。

　マッキンタイア，サンデルの立場は**コミュニタリアニズム**と呼ばれる
が，行為選択を行う場合に，それがある特定の社会における行為である
かぎり，その社会で共有される善さから全く独立して行為選択を行うこ
となどできないとしているのである。

4．道徳的に生きることと道徳教育に携わること

　ここまで見てきたように道徳に関わる立場は多様である。私たち人類
は道徳に関わる普遍的な立場を模索してきたわけだが，これだけ多様な
立場がいまなお私たちの社会において通用しているとすれば，そのどれ
もが十全ではないことを表しているといってよい。ただ，それは悲観的
な意味ではなく，むしろ，これからも，私たち自身がこれらの立場の相
違を引き受けながら，善さを見出していくこと，つまり日々道徳的に生
きることが求められているといってよい。先に道徳とは運動であるとし
たが，それはまさにこのことを含意していた。それゆえ，私たちは道徳
的に生きることを通じて，道徳の担い手であるだけでなく，道徳の創り
手でもあることを自覚することが求められるだろう。

　さて，道徳的に生きることを上述のように捉えたとすると，将来その
ように道徳的に生きることを期待されている児童生徒に対して，道徳教
育を担う教師として何ができるだろうか。また，何をしなければならず，
何をしてはならないだろうか。

　まず何よりも，教師自身が特定の道徳的な立場に立っていることを自
覚することが求められる。道徳教育が実施される学校の教育活動全体の
様々な場面において，教師が自らの立場に立脚した言動を自覚的／無自

覚的に行うことになるだろう。学校教育はその公共性から不偏不党であることが求められてはいるものの，それには原理的な困難さがあるため，教師が何らかの立場に立つことは避けがたいといえる。それゆえ，自らの言動を支えている立場を振り返ることが必要である。言動を振り返ることで自らの（気付いていたり，気付かなかったりした）立場を自覚すること，そして，教師自身が特定の道徳的な立場に立っていることに気付き，そうした立場やそれに基づいた考え方などを気付かないうちに児童生徒に伝えていないかを常に確認していくことが求められる。

　そして，児童生徒もまた，まだ成熟の余地を残すものの，自らの道徳的な立場に立って日々生活している。そうであるならば，彼らにも言動を振り返ることで自らの立場を自覚させるとともに，教師は児童生徒相互の立場の異同，さらには教師の立場との異同を認めつつ，児童生徒とともに運動としての道徳に参加することが求められていることを理解しておく必要があるだろう。

　ただ，多様な立場を認め，児童生徒とともに運動としての道徳に参加するということは，それぞれがそのままでよいということを意味しているわけではない。そこにとどまれば，自らの立場に固執し，分断を生み，対立を助長することにもなってしまう。むしろ，それぞれの違いを引き受けながら，お互いを生かし得るような新たな立場を見出す契機となることが道徳科の授業に求められているといえる。そうであるからこそ，「考える道徳」，「議論する道徳」が意味を持ち得るのである。学校教育は残念ながら，その成立経緯から考えて保守性が強く，多様な立場を排除するように機能する傾向性を有している（cf. 紺野・走井ほか『教育の現在（改訂版）』，etc.）。それゆえに，そうした排除の可能性に最大限配慮しつつ多様な立場を認めること，ただ，多様な立場をそのままでよいとするのではなく，それらを認めながら新たな立場を作っていくこと

が求められているのである。

　道徳科で扱うことになっている内容項目は学年段階によるが19〜22項目にものぼっており，それぞれの内容項目の中にもいくつかの道徳的価値が内包されている（巻末資料「内容項目一覧」）。これらすべてを並列的に重要だとして具体的な生活の場面で行為を選択することは現実的には不可能である。なぜなら，私たちの生活は単一の価値に基づいていることは稀で，多くの場合複数の価値の間でいずれかを優先させることで成り立っているからである。つまり，内容項目をこれだけ掲げていること自体が実は多様な立場をとりうる可能性を示しているのであって，そのことを忘れ，すべてが同様にそして同程度に重要であるとするだけを目指して，道徳科の授業を行うことは私たちの生活の実態に即してはいない。それゆえ，道徳科の授業は自らのこれまでの行為や生き方を振り返り，自らの立場を確認しながら，他者と意見を交換し，新たな道徳を，そしてまた新しい社会を作っていくものでなければならないのである。

参考文献

アリストテレス『ニコマコス倫理学』神崎繁訳『アリストテレス全集15―ニコマコス倫理学』所収（岩波書店，2014年）

ベンサム，J．『道徳および立法の諸原理序説』関嘉彦訳『世界の名著49―ベンサム／J．S．ミル』所収（中央公論新社，1979年）

カント，I．『人倫の形而上学の基礎づけ』平田俊博訳『カント全集7―実践理性批判・人倫の形而上学の基礎づけ』所収（岩波書店，2000年）

カント，I．『実践理性批判』坂部恵・伊古田理訳『カント全集7―実践理性批判・人倫の形而上学の基礎づけ』所収（岩波書店，2000年）

カント，I．『人間愛から嘘をつく権利と称されるものについて』谷田信一訳，『カント全集13―批判期論集』所収（岩波書店，2002年）

紺野祐・走井洋一ほか『教育の現在―子ども・教育・学校をみつめなおす（改訂版）』（学術出版会，2011年）

マッキンタイア，A．『美徳なき時代』篠崎榮訳（みすず書房，1993年）

ミル，J．S．『自由論』関嘉彦訳『世界の名著49―ベンサム／J．S．ミル』所収（中央公論新社，1979年）

文部科学省『小学校学習指導要領（平成29年告示）解説　特別の教科　道徳編』（廣済堂あかつき，2017年）

文部科学省『中学校学習指導要領（平成29年告示）解説　特別の教科　道徳編』（教育出版，2017年）

ノージック，R．『アナーキー・国家・ユートピア』嶋津格訳（木鐸社，1996年）

プラトン『国家』藤沢令夫訳『プラトン全集11―クレイトポン・国家』所収（岩波書店，1976年）

ロールズ，J．『正義論（改訂版）』川本隆史ほか訳（紀伊國屋書店，2000年）

サンデル，M．『公共哲学』鬼澤忍訳（ちくま学芸文庫，2011年）

学習課題

1．義務論と功利主義について，何に注目して行為を選択するのかの違いに留意しながら，それぞれの主張をまとめてみよう。

2．自由主義に該当する，J．S．ミル，J．ロールズ，R．ノージックの共通点と相違点を明らかにしながら，それぞれの主張をまとめてみよう。

3．リベラリズムとコミュニタリズムの対立点を明らかにしながら，それぞれの主張をまとめてみよう。

3 | 現代的課題と道徳教育

林　泰成

《**目標＆ポイント**》　現代社会においては，いじめの予防や，SNS の利用を含む情報教育の展開など，教育に期待されている様々な問題がある。また，今後期待されている人工知能（AI）の著しい進歩は，人間の生活スタイルを大きく変化させることが予想されている。こうした現代的な様々な課題に対して，道徳教育はどのように関わるのであろうか。その在り方と意義について検討する。

《**キーワード**》　いじめ，情報モラル，Society 5.0，グローバル社会

1．いじめと道徳教育

（1）いじめ問題と道徳の教科化

　1958（昭和33）年に特設された道徳の時間は，2018（平成30）年度より小学校において，2019（平成31）年度より中学校において「特別の教科　道徳」（以下，道徳科と略記）として教科化された。その教科化の議論の出発点となったのは，閣議決定によって政府内に設置された教育再生実行会議より出された「いじめの問題等への対応について（第一次提言）」（教育再生実行会議，2013）であった。この報告書では5つの提言が示された。要約して述べれば，①道徳の教科化，②法律の制定，③いじめに向き合う責任ある体制の構築，④毅然とした指導，⑤体罰禁止の徹底と部活動指導ガイドラインの策定の5つである。

　いじめ予防のための取組の提言の中で，法制化よりも先に道徳の教科

化が示されているということは興味深いことだといえる。たしかに、い
じめは不道徳な行為であるから、教科化して道徳性を高めることはいじ
め予防につながるといえよう。しかし、これまで、道徳教育は、問題に
対処するための即効性のある方法とは考えられていなかったように思わ
れる。もっと長期的なスパンで心を育てるものだと捉えられていたので
ある。しかし、今回の教科化によって、道徳科は、確実に、いじめ問題
の解決に効果を発揮するものでなければならなくなった。このことは、
教科としての道徳科の在り様を変化させることになったといえる。

　第1に、いじめに関する具体的な行動を子どもたちがとれるよう指導
することが期待されることになった。授業中に、いじめは悪いと答えら
れるだけではすまない。実際に、自らが他者をいじめたりしないこと、
いじめを見たときにはそれをやめさせることができなければならない。
道徳科授業がそうしたことに効力を発揮するものでなければならなく
なったのである。さらに言い換えれば、内面的な道徳性の形成だけでは
すまなくなったということである。道徳の授業が道徳的な行為につなが
らなければならないということは、道徳教育として当たり前のことのよ
うにも思えるが、しかし、実際問題として、これまで、そうではない場
合が多々あったといえる。授業中には「いじめは悪いことだ」と答える
子どもが、ときとして、いじめに加担しているというようなこともあっ
たのではないか。

　また第2に、上記のこととも関連するが、読み物資料を用いて話し合
う道徳教育から「考え、議論する道徳」教育へと転換することとなった。
「考え、議論する道徳」という表現は、教科化に際して文科省が説明の
ために使ったスローガンでもある。従来、ともすれば、道徳の時間はき
れいごとを語る時間になりがちであった。しかし、道徳的場面では、価
値と価値がぶつかり合うこともあるし、1つの価値をめぐって2つの選

択肢の間で葛藤することもある。そうした場面でどう判断し，どう行動するのが望ましいのかについて，自分で考え，また級友たちと議論し，悩みながら考え抜くことが求められるようになった。従来の道徳の時間では，主に，教材の登場人物の心情を追いかけ，そこに描かれた道徳場面で望ましいとされている立場に共感することを促す指導方法がとられていた。そこから離れて，まさに「考える」こと，「議論する」ことが求められるようになったのである。

　こうしたことと関連して，新しい学習指導要領では，「問題解決的な学習」や「道徳的な行為に関する体験的な学習」など，従来，積極的には取り入れられていなかった指導方法が望ましいものとして書き込まれることとなった。

（2）いじめの予防と対処

　ところで，いじめはなぜ起こるのだろうか。

　いろいろな考え方があるが，森田・清永（1994）は，いじめを 4 層構造で捉えている。被害者，加害者，観衆，傍観者の 4 者によって引き起こされるというのである。被害者はいじめられるひと，加害者はいじめるひと，観衆は周囲ではやしたてるひと，傍観者は見て見ぬふりをするひとである。一見したところ，いじめは加害者と被害者の間の問題であるかのように思われるかもしれないが，周囲でそれをあおる観衆と，自分がまきこまれるのを恐れて見て見ぬふりをする傍観者とによって継続していく。

　いじめが起これば，被害者を守り，加害者や観衆に対して適切な指導を行うべきことはいうまでもないが，それを防ぐには，じつは，傍観者への指導が重要だと考えられている。なぜなら，集団全体が，いじめは絶対に許さないという雰囲気を持っていると，いじめは起こりにくくな

るからである。

　心理学者のソロモン・アッシュによる同調の実験や，同じく心理学者のスタンレー・ミルグラムが行った服従の実験[1] などから，ひとはたやすく周囲の意見に流され，また，ひとから命じられれば不道徳な行為をもたやすく行ってしまうということが明らかになっている。

　したがって，その集団が有する規範や雰囲気が，いじめを起こりやすくもするし，起こりにくくもするのである。いじめ防止のプログラムの多くは，こうした集団の持つ道徳的雰囲気を高めようとするものである。

　そのように考えれば，道徳科授業をとおして，いじめは絶対に許さないという雰囲気を学級内あるいは学校内に形成できれば，いじめは防止できるのではないだろうか。

（3）いじめを理解させるための道徳科授業

　いじめを理解させるために，道徳科授業でも役割演技（あるいはロールプレイとも呼ばれている）が用いられることがある。役割演技は，精神科医ヤコブ・モレノによって始められた心理療法としての心理劇から派生したものである。それは精神疾患の治療方法として開発されたものであるから，心の状態を変化させる技法であるといえる。ということは，用い方次第では，心の状態を悪化させることもありうる。

　たとえば，いじめられる者の気持ちを理解させようと，いじめの加害者に，いじめられる役を演じさせたりすると，その役割が学級集団の中で固着して，その時点から加害者が被害者になるということも起こりうる。いじめの加害者に，クラスが一致団結して立ち向かえば，遣り込めることができるということを集団が学習するからである。しかし，これは新たないじめである。こうしたいじめでは，いじめている加害者が，

---

1)　権威の下で服従がなぜ起こるのかを確認するこの実験は，アイヒマン実験ともいわれる。第2次世界大戦中にユダヤ人虐殺に関与したドイツ・ゲシュタポのアドルフ・アイヒマンは，戦後裁判にかけられた。そこで明らかになったのは人格異常者ではなく，平凡な公務員の姿だった。

自分たちは正しいことをしているという判断が働いていることが多く，たとえば「これは正義のいじめである」と考えているような場合があり，解決することがなかなか難しい。

　こうしたことが起こらないように，児童生徒にいじめられる役をやらせないことが重要である。たとえば，人間の物語ではなく，物に置き換えていじめを演じさせるとか，被害者役割は教師が行うとかの工夫が必要なのである。また，いじめに限らず，マイナスの感情を味わうような役割演技は軽々に行うべきものではない。あたたかい気持ちで終わる役割演技を実施することが大切である。

2．情報社会と道徳教育

（1）情報教育と情報モラル

　現在の社会は，情報社会として捉えられる。工業や農業が社会の基盤であった時代とは異なり，コンピュータの飛躍的な進歩の結果として，大量の情報が生み出され，蓄積され，拡散され，それによって社会の多様なシステムがコントロールされている。

　こうした社会にあって，情報教育はとても重要なものだといえる。学校教育においても，すでに情報活用能力の育成は，小学校段階から行うことになっている。そして，その中には，情報モラルも含まれている。

　学習指導要領では，通常は，道徳は，「モラル」ではなく「道徳」という用語が使われているが，情報モラルだけは「情報モラル」と表記されている。これは，情報モラルが，道徳教育の議論の中からというよりはむしろ情報教育の必要性の中から生じ，教科横断的なものとして位置付けられているからであろう。

　とくに道徳教育においては，小学校および中学校の学習指導要領の中に，「児童〔生徒〕の発達の段階や特性等を考慮し，第2に示す内容と

の関連を踏まえつつ，情報モラルに関する指導を充実すること」と謳われており，多くの教科書の中にもソーシャル・ネットワーキング・サービス（SNS）等の利用の仕方に関連して起こるトラブルなどが教材として取り上げられている。

　SNS 等の利用に関しては，技術の進歩に伴い，様々なサービスが新たに生まれ，その都度，その活用に関するモラルが求められているといえる。

　アルバイトによる店舗内でのいたずら動画の拡散などの報道を見ると，中には「24時間で消去されると思っていた」と軽い気持ちで行われたものなどもある。しかし，そうした機能を利用して掲載した場合でも，他の SNS に転載されてしまえば永遠に残る可能性がある。そうした事態を表現する言葉として「デジタル・タトゥー」という表現もある。一度拡散された情報は，刺青のように完全には消せない。そして，そうしたいたずらで店じまいを余儀なくされた事例もあることを思えば，軽いいたずらでは済まされない。

　また，歩きスマホや，自転車に乗りながらのスマホいじりなど，事故が起こるのではないかとはらはらするような事態も，日常的に見かけられるようになっている。自分だけは大丈夫だと思い込んでいるのであろうか。

　情報モラルの教育は，いろいろな事例を教えれば済むというような問題でもない。もちろん，事例を通した学びは具体性を有しているので理解しやすいというメリットはあるが，技術の進歩に伴って情報モラルも変化するからである。情報モラルの教育は，基礎的な次元として，日常的な道徳的価値観の形成とともに，情報社会の仕組や特性の理解をも含む。そのためには，直接的に情報機器を扱うような情報教育においても情報モラル教育が必要であるし，また同時に，道徳教育の枠組の中での

情報モラル教育も必要なのである。

（2）Society 5.0

　閣議決定された第五期「科学技術基本計画」では，情報社会の後に来るべき社会として，「Society 5.0」とも呼ばれる「超スマート社会」の到来が，予測されている。それは，狩猟社会（Society 1.0），農耕社会（Society 2.0），工業社会（Society 3.0），情報社会（Society 4.0）に続く新たな社会で，「必要なもの・サービスを，必要な人に，必要な時に，必要なだけ提供し，社会の様々なニーズにきめ細かに対応でき，あらゆる人が質の高いサービスを受けられ，年齢，性別，地域，言語といった様々な違いを乗り越え，活き活きと快適に暮らすことのできる社会」である。情報社会（Society 4.0）では，情報機器を使いこなすこと，つまり，「サイバー空間（仮想空間）」と「フィジカル空間（現実空間）」とのインターフェイスが問題であったが，超スマート社会（Society 5.0）では，両空間を高度に融合させたシステムによって，「経済発展と社会的課題の解決を両立する，人間中心の社会（Society）」が実現するといわれる。こうした社会では，IoT（Internet of Things）ですべての人とモノがつながり，人工知能（AI）により，必要な情報が必要なときに提供され，ロボットによって介護されたり，自動走行車により安全に移動したりすることが可能となる。

　こうしたことの一端は現在でも実現され始めており，試験的に運用されている自動走行車や，介護の現場などで活用できる重いものを持ち上げる補助装置などをテレビ報道によって見ると，とても便利な未来社会が想像できる。しかし一方で，こうした社会は，サイバー攻撃によって今までにない大きな被害，たとえば，国家規模あるいは世界規模の経済破綻などをこうむる危険性もある。すべてがつながっているからである。

（3）人工知能と道徳教育

　人工知能は，そのうち，人間の知能を超えると予想されている。その変化は，シンギュラリティ（技術的特異点）という言葉で表現されている。ここでその技術的な問題を論じることはできないが，そうした人工知能の進歩は，道徳教育とどのように関わるのであろうか。

　AI が人間の知能を超えるようになると，多くの仕事が人間ではなく，人工知能に取って代わられる可能性が高い。その段階で，人間には，ベーシックインカム[2] が保証されて働かなくてもよくなるという予想もある。逆に，映画『ターミネーター』で描かれているように，ロボットに人類が抹殺されるのではないかとの予想もある。より高度な知能から見れば，失敗の可能性を持った人間はプログラムのバグ（誤りや欠陥）のようなものでしかないから，いない方がよいと判断されるのではないか，という理由による。

　人間はロボットを監督するような業務に従事すればよいようにも思われるが，しかし，そうした業務も人工知能によって可能になるだろう。近い未来のこととして考えれば，まずは，合理性を超えた判断が求められるような，人間性や価値創造に関わるような仕事が人間の活躍する場となるように思われる。合理的判断を必要とする作業は，人工知能による代替が可能になると考えられるからである。しかし，絵を描く人工知能の報道もすでにある。

　道徳の問題は，「考え，議論する道徳」への転換によって，より合理的な判断を求められるようになってきているようにも思われるが，しかし，それでもなお道徳的判断には，感情の機微にまで配慮するようなことが求められるであろうから，そう簡単には人工知能による代替ということにはならないだろう。

　しかし，人工知能搭載型の労働ロボットが，人間社会に徐々に広がり

2）　政府から，すべての国民に対して，生活に必要とされている現金が定期的に支給されるという政策。

始めると，そのロボットへの感情移入も起こり始めるだろう。たとえば，介護施設で働く介護ロボットが，被介護者からいじめられるような事態が起こったら，同僚の人間の介護士たちはどう感じるだろうか。「自分たちの仲間に対して許せない」というような気持ちになることないだろうか。

　人間が生まれながらに有している権利は，基本的人権と呼ばれるが，その人権の概念は意味領域が徐々に広がっている。今では，当たり前のことと思われているような人権だが，100年もさかのぼれば，今では信じられないような様々な差別があった。たとえば，アメリカで公民権運動のきっかけとなったモンゴメリー・バスボイコット事件運動は，1955年に始まっている。まだ100年もたっていない。そのように考えると，映画『アイ，ロボット』で描かれているように，将来，ロボットが解放を求めて立ち上がり，彼らにも人間と同様に権利が認められる時代が到来するとは考えられないだろうか。それを人権と呼ぶかどうかは別にしても。

　未来のことは想像するしかないが，こうした思考実験は，その対蹠点として人間とは何かということを考えることにつながる。

3．グローバル社会と道徳教育

（1）グローバル社会の道徳

　現代社会は，グローバル社会でもある。国や地域の垣根を越えて，資本や人材や情報が世界を駆け巡っている。学校に限定していえば，都会ばかりでなく地方の学校にも，外国にルーツを持つ子どもたちが多数在籍している。

　そうした中で，道徳教育の在り方も変わらざるを得ない。

　NHK の「ココロ部」という道徳番組で，「外国から来た転校生」とい

う回があった。

　次のような内容である。

　ブラジルから来た転校生のエレナがピアスを付けている。それは校則で禁止されている。クラスの友だちが外すように伝えるが，エレナは，「ブラジルの女の子，赤ちゃんのとき，耳，穴，開けます。お母さん，わたし，生まれてきて，ありがとうって」といって外そうとはしない。

　そこで，どうするのがよいかを考えさせるという番組である。

　学校の規則なのだから守らせるべきだという考えもあれば，そういう規則があることが問題だという考えもありうる。留学生だから特別扱いすべきだという考えもあるかもしれない。道徳の授業としては，結論を示さずに終えるということも可能だろう。しかし，こうした事態は，現実問題として起こり得る。その場合は，何らかの対応が求められる。何もしないとすれば，特別扱いを認めるということになるが，それは同時に，「ピアスを付けてはいけない」というルールを守らせる根拠が弱まるということにもなる。日本人の児童生徒や保護者からも「私も付けたい」，「うちの子にも付けさせたい」という主張が出てくることは容易に想像できる。

　小学校学習指導要領には［国際理解，国際親善］という道徳的価値が示され，中学校学習指導要領には［国際理解，国際貢献］という道徳的価値が掲載されているから，こうした価値を押さえながら，道徳科授業を行うべきことはいうまでもない。が同時に，小学校および中学校学習指導要領に記載されている［相互理解，寛容］という道徳的価値が，こうした問題について考える際の中核的な価値になるのではないだろうか。私たちはどこまで相互に理解し合えるのだろうか。そして，理解を超えた部分を，どこまで寛容の態度で受け入れることができるのだろうか。

（2）持続可能な開発目標

　2015（平成20）年9月に国連サミットで「持続可能な開発のための2030アジェンダ」が採択された。そこで2016年から2030年までの国際目標として示されたのが，持続可能な開発目標（SDGs）である。それは，持続可能な世界を実現するための17のゴールと169のターゲットから成る。

　たとえば，17のゴールの一つ「4 教育」を例にとれば，「すべての人々に包摂的かつ公平で質の高い教育を提供し，生涯学習の機会を促進する」ということが謳われ，その下記目標としてさらに10のターゲットが示されている。その1つ目は，「4.1　2030年までに，すべての子どもが男女の区別なく，適切かつ効果的な学習成果をもたらす，無償かつ公正で質の高い初等教育及び中等教育を修了できるようにする」というものである。

　持続可能な開発とは，「将来の世代がそのニーズを充足する能力を損なわずに，現世代のニーズを充足する開発」と定義されている。資本主義の体制下では，企業等の組織は利潤を求めて経済活動を行うが，競争を中心とした経済活動だけでは，将来世代に対して環境や経済のシステムを残していけない。持続可能な開発を達成するためには，経済成長，社会的包摂，環境保護という3つの主要素を調和させることが不可欠だと考えられ，それを実現するために17のゴールと169のターゲットが示されているということである。

　こうしたことを基にして道徳教育の在り様を考えれば，個々の国や文化にとってふさわしい道徳とは別に，国際的に共通理解できる道徳規範を示す必要もあるのではないか。グローバル化がさらに徹底されれば，必然的にそうしたグローバルな道徳体系が構築されていくようにも思われるが，先駆的に国連がそれを示すことはできないだろうか。

　また，日本の道徳教育は，個人の道徳性を育むことに力を注いでいる

ように思われる。集団や社会との関わりに関することですら，道徳的価値を個人の内面へと据え付けるような形になっているように思われる。しかし，こうしたアジェンダに示されていることは，人類の存続にとって全体を考える視点も必要だということである。道徳教育の枠を広げて，全地球的な視点から検討するということも必要だろう。

引用・参考文献

教育再生実行会議「いじめ問題等への対応について（第一次提言）」（2013（平成25）年2月26日）
閣議決定「科学技術基本計画」（2016（平成28）年1月22日）
森田洋司『いじめとは何か』（岩波書店，2010年）
森田洋司・清永賢二『いじめ：教室の病い（新訂版）』（金子書房，1994年）
ミルグラム，スタンレー『服従の心理』（河出書房，2012年）
外務省国際協力局『持続可能な開発のための2030アジェンダと日本の取組』（リーフレット）（2017年）

学習課題

1．道徳科授業は，いじめの予防に関してどのような貢献ができるだろうか。考えてみよう。
2．超スマート社会（Society 5.0）では，道徳教育はどのようになっているだろうか。考えてみよう。
3．SDGsについて詳しく調べてみよう。

4 | 日本における道徳教育の歴史（1）―明治から昭和戦前期まで―

貝塚茂樹

《**目標＆ポイント**》 本章は，日本の近代教育が出発した1872（明治5）年の「学制」の頒布から1945（昭和20）年の敗戦までの道徳教育の歴史を修身科と教育勅語に関わる問題を中心に検討する。近代教育における道徳教育の特徴は何であったのか。また，道徳教育には何が期待され，どのような役割を果たしたのかについて検討するとともに，近代における道徳教育が，戦後日本の道徳教育にいかなる課題を残したのかについて考える。
《**キーワード**》 修身科，徳育論争，教育勅語，国定修身教科書，修身教授改革論，大正新教育運動，総力戦体制

1. 日本の近代化と道徳教育の模索

（1） 近代化と教育の課題

　日本の近代化を促したものは，欧米先進国の圧力と脅威に対する国家的規模の危機意識であった。日本が独立を保ち，近代国家としての発展を遂げるためには，「富国強兵」が国家建設の目標として掲げられる必要があった。しかし，欧米の科学技術の水準と日本の国力との差は圧倒的であり，「富国強兵」を達成するためには，欧米先進国の知識と文化の摂取が優先された。日本の近代化は，西洋近代にそのモデルを求め，欧米先進国に追いつくことを目標としたのである。

　近世の幕藩体制において，日本人は統一的な国家観念を持っていな

かった。そのため，教育に求められた課題は，とくに，①近代国家建設のための有能な人材を育成すること，②近代国家を支える国民としての自覚と使命感を育成すること，の２点であった。なかでも，国家意識の形成と国民としての自覚の育成は，道徳教育と直接に結び付く課題であった。

ところが，近代教育の出発にあたって，道徳教育の基準をどこに置くべきかは明確ではなく，その方向性をめぐる議論は混迷した。その背景には，日本が欧米や中東・アジアの諸外国と比べて，キリスト教やイスラム教といった明確な宗教基盤を持っていないという状況も関わっている。一般に諸外国では，宗教がそれぞれの社会での道徳的規準として機能している傾向が強く，学校教育が道徳教育の中心となるという意識は低い。これに対して，明確な宗教基盤を持たない日本では，学校で道徳教育を行うことが期待された。しかし，特定の宗教に依拠しない道徳教育の内容と方法を確立することは，必ずしも容易ではなかった。

（2）修身口授と翻訳教科書

文部省は，1872（明治5）年8月，日本で最初の教育法である「学制」を頒布した。近代学校の設置を求めた「学制」は，国民皆学と立身出世主義的な教育観，さらに実学主義的な学問観を強調するものであった。欧米先進国の進んだ知識，技能の習得を優先する「学制」の理念は，一方で道徳教育を軽視したものとして受け止められた。

「学制」によって，初等教育の教育課程に道徳教育を担う教科としての修身科が設置されたが，修身科は全教科の中で6番目に置かれていたに過ぎなかった。同年9月に出された「小学教則」では，修身は尋常小学校下等第八級（第1学年）から第五級（第2学年）に「修身口授」として位置付けられ，文部省が指定した教科書を用いて，教師が口授（口

で言って直接に教えること）によって教えるものとされていた。

　文部省が指定した『民家童蒙解』,『童蒙教草』,『修身論』,『勧善訓蒙』,『性法略』の5種類の修身教科書は,すべてが欧米の著書（道徳書）を日本人が訳した翻訳教科書であった。これは,道徳教育の基準をどこに置くかという課題の困難さを意味するとともに,「富国強兵」という国家目標を達成するために欧米先進国の文化を取り入れることが重視された結果であった。

（3）徳育論争

　修身科の翻訳教科書は,世界的で普遍的な意識と個人意識が尊重されるものであった。しかし,翻訳教科書では日本に対する国家意識が強調されることは少なく,その内容は日本人の実際の生活とかけ離れたものであった。こうした翻訳教科書に対しては,様々な批判と不満が表明され,日本の伝統的な儒教道徳に基づいた教育内容を求める動きへとつながって行った。

　1879（明治12）年,明治天皇は全国各地の巡幸を行うとともに,小・中学校を巡回して視察し,その感想を侍講の元田永孚に起草させて下賜した。これが「教学聖旨」である。「教学聖旨」は,「教学大旨」と「小学条目二件」の2つの内容からなっている。「教学大旨」は,我が国の教育の根本精神は仁義忠孝を中心とした儒教道徳が基本であり,欧化政策によって様々な弊害が起っている。今後は孔子の教えを道徳の模範として,その上で西洋の知識や技術を学ぶべきである,と説いている。

　また,「小学条目二件」は,①幼少の頃から仁義忠孝の道徳を育成することが大切であり,そのために忠臣,義士,孝子,節婦の絵図を用いて忠孝の観念を感覚的に育成すべきである,②西洋の知識が書かれた翻訳教科書は,確かに内容は高尚であるが,日常生活とかけ離れたもので

あり，今後は仕事に役立つ学問（実学）を教えることが必要である，と指摘した。

「教学聖旨」に対して伊藤博文は，同年9月に「教育議」を作成して天皇に上奏した。その骨子は，①道徳の頽廃は明治維新という大変革によって生じたものであり，再び儒教道徳に戻るのは誤りであること，②日本においては，1つの国教（国の道徳的規準）を立てるのは望ましくない，というものであった。

伊藤の「教育議」に対して元田は，「教育議付議」として意見をまとめ，改めて天皇に上奏した。その内容は，①西洋の倫理は君臣の義が薄く，夫婦の道徳を父子の道徳の上位においているが，これはキリスト教を基本としたものであり，我が国の伝統的な道徳とは矛盾している，②国教は新しい内容を示すのではなく，皇祖皇宗の遺訓を明らかにすることであり，明治天皇が在位している今こそ国教を明らかにする時期である，というものであった。

伊藤博文と元田永孚に代表される道徳教育の在り方をめぐる論争は，1890（明治23）年に教育ニ関スル勅語（以下教育勅語と略）が渙発されるまで継続することになる。こうした公教育における道徳教育の在り方をめぐる権力内部，あるいは有識者の間で展開された議論は徳育論争と称された。

徳育論争は，儒教道徳に基づく東洋的な伝統思想に道徳の根本を求めるか，あるいは西洋的な近代市民倫理を重視するかを基本的な争点とするものであった。前者には，伊藤博文，森有礼，井上毅，福沢諭吉などが挙げられ，後者は元田永孚，杉浦重剛，能勢栄などが代表的である。また，西村茂樹などのように東洋と西洋の道徳の良い点を採ろうとする折衷的な立場もあった。

2．教育勅語と修身教育

（1）教育勅語の渙発とその内容

　1890（明治23）年2月に開かれた地方長官会議は，徳育（道徳教育）問題を主要な議題の1つに取り上げた。会議は，今後の方策として，①我が国固有の倫理の教えに基づいて徳育の主義を確立すること，②徳育の主義が確立した後，師範学校から小・中学校にいたるまで，倫理と修身の教科書を選定してこの教えを全国に拡げ，かつ倫理と修身の時間を増加して徳育を盛んにすること，を内閣に建議した（「徳育涵養ノ義ニ付建議」）。

　この建議に基づき，総理大臣山縣有朋と文部大臣芳川顕正を責任者として教育勅語が起草されることになった。教育勅語は，法制局長官の井上毅が起草したものを原案とし，これに明治天皇の側近でもある元田永孚が協力して何度かの修正を加えて完成した。教育勅語は，①政治に左右されないこと，②軍政に捉われないこと，③哲学的で難解な表現を避けること，④宗教的に特定の一宗一派に偏らないこと，に留意しながら，国民の誰もが心がけ実行しなければならない徳目を掲げることを目的として作成され，天皇から国民に下賜（与える）するという形式によって示された。

　1890（明治23）年10月30日に渙発された教育勅語は，本文315文字からなり，一般にその内容は3段に分けられる。第1段は，「教育ノ淵源」としての「国体ノ精華」を説き，第2段は，臣民（国民）が守り行うべき12項目の徳目を列挙している。さらに第3段は，第2段で示した道徳が「皇祖皇宗ノ遺訓」であり，それらは，「古今」（いつの時代でも）「中外」（どの国においても）に対しても普遍性を持つものであるとした。

　教育勅語の草稿の作成には，徳育論争で激しく議論を闘わせた井上毅

と元田永孚が参加していることからも明らかなように，その内容は「国憲ヲ重シ国法ニ遵ヒ」という近代市民倫理と「父兄ニ孝ニ」「兄弟ニ友ニ」などの儒教倫理が折衷されたものとなった。以下は，教育勅語の読み下し文口語訳である。

教育勅語（現代かなづかいによる読み方）

朕惟うに　我が皇祖皇宗　国を肇むること宏遠に　徳を樹つること深厚なり

我が臣民　克く忠に克く孝に　億兆心を一にして世々厥の美を済せるは　此れ我が国体の精華にして教育の淵源亦実に此に存す

爾臣民　父母に孝に兄弟に友に　夫婦相和し朋友相信じ　恭儉己れを持し博愛衆に及ぼし　学を修め業を習い以て知能を啓発し　徳器を成就し進んで公益を広め世務を開き　常に国憲を重んじ国法に遵い　一旦緩急あれば義勇公に奉じ　以て天壌無窮の皇運を扶翼すべし　是の如きは独り朕が忠良の臣民たるのみならず　又以て爾祖先の遺風を顕彰するに足らん

斯の道は　実に我が皇祖皇宗の遺訓にして子孫臣民の倶に遵守すべき所　之を古今に通じて謬らず之を中外に施して悖らず　朕爾臣民と倶に拳々服膺して咸其の徳を一にせんことを庶幾う

明治二十三年十月三十日
御名　御璽

図4-1　教育勅語（読み下し文）

「教育に関する勅語の全文通釈」（文部省図書局，1940年）

　朕がおもふに，我が御祖先の方々が国をお肇めになつたことは極めて広遠であり，徳をお立てになつたことは極めて深く厚くあらせられ，又，我が臣民はよく忠にはげみよく孝をつくし，国中のすべての者が皆心を一にして代々美風をつくりあげて来た。これは我が国柄の精髄であつて，教育の基づくところもまた実にこゝにある。

　汝臣民は，父母に孝行をつくし，兄弟姉妹仲よくし，夫婦互に睦び合ひ，

朋友互に信義を以て交り，へりくだつて気随気儘の振舞をせず，人々に対して慈愛を及すやうにし，学問を修め業務を習つて知識才能を養ひ，善良有為の人物となり，進んで公共の利益を広め世のためになる仕事をおこし，常に皇室典範並びに憲法を始め諸々の法令を尊重遵守し，万一危急の大事が起つたならば，大義に基づいて勇気をふるひ一身を捧げて皇室国家の為につくせ。かくして神勅のまに〜天地と共に窮りなき宝祚の御栄をたすけ奉れ。かやうにすることは，たゞに朕に対して忠良な臣民であるばかりでなく，それがとりもなほさず，汝らの祖先ののこした美風をはつきりあらはすことになる。

　こゝに示した道は，実に我が御祖先のおのこしになつた御訓であつて，皇祖皇宗の子孫たる者及び臣民たる者が共々にしたがひ守るべきところである。この道は古今を貫ぬいて永久に間違がなく，又我が国はもとより外国でとり用ひても正しい道である。朕は汝臣民と一緒にこの道を大切に守つて，皆この道を体得実践することを切に望む。

　芳川顕正文部大臣は，教育勅語の渙発の翌10月31日に訓令を発し，学校の式日などには生徒を集めて教育勅語を奉読することを求めるとともに，教育勅語の謄本を全国の学校に配布する措置をとった。また，東京帝国大学（現在の東京大学）教授であった井上哲次郎に教育勅語の注釈書の執筆を委嘱し，井上は1891（明治24）年9月に『勅語衍義』を出版した。

　教育勅語が渙発された後，修身科の授業は，教育勅語に掲げられた徳目を教えることが基本となった。また，1891年11月の「小学校教則大綱」第2条は，修身科が教育勅語の趣旨に基づくべきことを規定し，修身科の授業は，尋常小学校で週27時間のうち3時間，高等小学校では週30時間のうち2時間が充てられた。

　一方，教育勅語の渙発は，教育と宗教に関する問題にも大きな影響を及ぼしていった。1891年の「内村鑑三不敬事件」とそれに続く「教育と宗教の衝突」論争はその象徴的なものであった。また，文部省は，1899（明治32）年に「文部省訓令第12号」（一般ノ教育ヲシテ宗教外ニ特立セシムルノ件）を出している。この訓令は，官公立学校のほか，私立学校や法令で規定されている小学校，中学校，高等女学校では，宗教教育及び宗教的儀式を行うことを禁止するというものであった。ここでいう宗教には仏教，キリスト教などが含まれたが，神道は「宗教にあらず」として宗教としての取り扱いは受けなかった。

（2）修身教科書の特徴と国定修身教科書の成立

　1891年12月17日に「小学校修身教科用図書検定基準」が公布され，修身教科書の検定基準が示された。ここでは，修身教科書に掲載する事項が「小学校教則大綱」第2条の趣旨に適合することを条件として，①学年毎に道徳の全体に及ぶ内容を教えること，②学年が進むにしたがって内容を難しくすること，③修身教科書の例話は「勧善的」であり，なるべく日本人の教材を使用すること，などが求められた。

　この検定基準に基づいて小学校修身教科書が編集され，1892（明治25）年から1894（明治27）年までの間に約80種の教科書が文部省の検定を経て発行された。検定教科書の内容は，教育勅語や「小学校教則大綱」に示された徳目に基づくものであり，多くは徳目主義に重点を置いた教材配列になった。徳目主義とは，「父母ニ孝ニ」「兄弟ニ友ニ」といった教材において孝行，友愛などの徳目を掲げて示し，それを説明するための訓言，格言，例話や寓話などによって内容を説明することである。修身科の授業では，これらの徳目が毎学年繰り返し教えられた。

　また，明治30年代からは，徳目主義を基調としながらも，人物主義も

顕著となっていった。徳目はそれ自体は抽象的な観念であり，その意味を教えるだけでは，授業は形式的なものとなりやすくなる。そのため，児童の興味を喚起し，人物的な感動を与えるために，児童の模範となる理想的な人物（二宮尊徳，楠正成，貝原益軒，中江藤樹など）を扱う教材が数多く取り入れられた。人物（偉人）の伝記や逸話の中に各種の徳目や訓言を織り込むことで児童の興味を喚起し，授業の効果を高めようとした方法が人物主義である。

　ところが，教育勅語によって道徳教育の理念と内容が明確となった後も修身教科書を使用していない学校は多く，修身科の授業がかならずしも十分に機能していたわけではなかった。そのため，修身教科書を国定教科書とすべきであるとの要望が徐々に高まり，1903（明治36）年の「小学校令」の改正「第三次小学校令」によって国定教科書制度が確立された。第一期国定修身教科書は，1904（明治37）年に使用が開始され，以後1941（昭和16）年までに四回の改訂を経て，合計五期の国定修身教科書が作成された。

3．大正新教育運動と修身教育

（1）修身教授改革論の展開

　大正時代は，第一次世界大戦後の世界的な平和主義と協調外交が推進されることで，大正デモクラシーといわれる自由主義的・民主主義的な風潮が顕著となった時代である。こうした世界的な風潮は，教育の分野においても反映され，「児童中心主義」をスローガンとした大正新教育運動（大正自由教育運動）が展開された。

　大正新教育運動は，1921（大正10）年 8 月の「八大教育主張講演会」[1]を頂点としたが，その理念は修身教授改革の機運を高めていった。たとえば，及川平治（明石女子師範学校附属小学校主事）は，児童の自発性

---

1)　1921年 8 月 1 日から 8 日まで大日本学術協会が東京で主催した講演会であり，全国から2,000人を超える参加者があったとされる。

と協同性を重視し，児童中心の「為すことによって学ぶ」という方法原理に基づいて教科書中心の画一的な注入授業を強く否定した。及川は，徳目とは，教師が一方的に解説し教えるものではなく，討議と協同生活を通して体験的に学習されるべきであると理解していた。したがって，及川のいう修身科の授業は，児童の生活の中で「為すことによって道徳性を学習する」ことを目指した活動を意味していた。

　なかでも，修身教授改革論として注目されるのが澤柳政太郎の主張である。澤柳は，児童の発達段階を考慮すれば，尋常小学校4年までは修身科の授業を効果的に行うための準備期であり，道徳に対する知的理解を中心とする修身科の授業は行うべきではないと主張した。澤柳の主張は，児童の発達段階を重視した効果的な修身教授を目指したものであった。

　ただし，澤柳は修身科それ自体を否定していたわけではない。澤柳の主張は，教育課程の中に修身科を積極的に位置付け，その徹底を図るものであった。つまり修身科の効果的な教授を達成するためには，低学年における修身教授を排除することが児童の発達段階からも望ましいというのが澤柳の主張の主眼であった。

（2）修身教授改革論と「川井訓導事件」

　大正新教育運動において展開された修身教授改革論は，子どもの自由と自主性の尊重を基調とするものであり，そのための教育方法の改善を意図したものであった。しかし，こうした教授方法の改善は，国定修身教科書の内容からの逸脱を意味していたと批判され，徐々に弾圧の対象とされて行った。

　なかでも，1924（大正13）年9月に松本女子師範学校附属小学校で起きた「川井訓導事件」はその象徴的なものであった。これは，同校の訓

導であった川井清一郎が，修身の授業において国定修身教科書を使用せず，森鷗外の「護持院ヶ原の敵討」を副教材として授業を行ったことが批判され，川井が退職へと追い込まれたというものである。

　「川井訓導事件」を契機として，茨城や奈良をはじめ，千葉師範学校附属小学校の「自由教育」に対しても批判と弾圧が続いた。昭和戦前期に入り，教育が徐々に総力戦体制へと組み込まれる状況の中で，「児童中心主義」をスローガンとした大正新教育運動は急速に後退し，この時期に展開された修身教授改革の試みは，挫折と，停滞を余儀なくされたのである。

4．昭和戦前期の総力戦体制と道徳教育

（1）総力戦体制と国定修身教科書

　昭和戦前期に入ると，経済恐慌，満州事変，5・15事件，2・26事件，国際連盟の脱退という政治状況が続き，日本は次第に総力戦体制へと進んでいった。1937（昭和12）年に日中戦争の本格的な開始を契機として，政府は挙国一致・尽忠報国・堅忍持久をスローガンとした国民精神総動員運動を展開し，総力戦体制を整えていった。文部省は，同年に国体の尊厳，君臣の大義を説き，天皇への忠誠こそが教育の根本であるとした『国体の本義』を刊行し，1941（昭和16）年には『臣民の道』を刊行して，「世界新秩序の建設」を達成するための臣民（国民）の行動規準を示した。

　1941年3月，「国民学校令」が公布され，その第1条は，「国民学校ハ皇国ノ道ニ則リテ初等普通教育ヲ施シ皇国民ノ基礎的錬成ヲ為スヲ以テ目的トス」と規定された。「国民学校令」によって，尋常小学校は国民学校と改称され，皇国民の錬成が初等教育の目的とされた。

　教育が総力戦体制に組み込まれていく中で，国定修身教科書の内容も

変化して行った。修身科は，同年4月制定の「国民学校令施行規則」において「教育ニ関スル勅語ノ旨趣ニ基キテ国民道徳ノ実践ヲ指導シ児童ノ徳性ヲ養ヒ皇国ノ道義的使命ヲ自覚セシムルモノトス」（第3条）とされ，皇国の「道義的使命」を持つ教科として明確に位置付けられた。

　「国民学校令」の施行と同時に教科書は全面的に改訂され，1941年から第五期国定修身教科書の使用が開始された。修身教科書の名称は第1，2学年用が『ヨイコドモ』，第3学年から第6学年用は，『初等科修身』となった。第五期国定修身教科書の内容は，これまでの修身教科書に比べて「個人」「社会」「家庭」に関わる内容が減少する一方，「国家」に関する内容が大幅に増加し，「国体」（国家の状態，国柄。天皇を倫理的・政治的中心とする国の在り方）を強調する内容が顕著となっていった。

　また，軍事主義的な内容が顕著となり，教科書には随処に戦争に関わる挿絵や写真が挿入されるとともに，「軍神のおもかげ」「特別攻撃隊」といった戦争教材や神国観念を強調した教材が多く掲載された。たとえば，第2学年用の『ヨイコドモ』下巻の「日本ノ国」は，「日本ヨイ国，キヨイ国。世界ニ一ツノ神ノ国。日本ヨイ国，強イ国。世界ニカガヤクエライ国」という神国観念に基づく日本の優越性を強調した内容であった。

　このほか，第五期国定修身教科書では，①祭祀の意義を明らかにして，敬神の念を涵養すること，②政治・経済及び国防が国体に淵源することを理解させ，立憲政治の精神，産業と経済との国家的意義ならびに国防の本義を明らかにして，遵法・奉仕の精神を涵養すること，③女児に対する婦徳の涵養，④礼法及び公衆道徳の指導，⑤家庭と連携した善良な習慣の形成などが特に強調された。

　一方，文部省は，1935（昭和10）年に文部次官通牒「学校ニ於ケル宗教的情操ノ涵養ニ関スル件」を発出した。これは，1899（明治32）年の

「文部省訓令第12号」の趣旨を踏まえ，あくまでも教育勅語に基づくという条件において公立学校でも宗教的情操の教育を行うことを可能とするものであった。しかし，戦局が緊迫する中で，実際には，宗教的情操に関わる教育実践が行われる余裕はなく，文部次官通牒は，児童生徒が戦勝祈願のために神社参拝することを正当化する根拠として機能する側面が強かった。

（2）昭和戦前期の修身教育批判

　総力戦体制においては，大正新教育運動以来の修身教授改革の試みが，表面化されることはなかったが，歴史の底流では継続した。たとえば，この時期には，「人間的修身教育論」「生活修身教育論」「労作的修身教育論」「日本主義の修身教育論」「郷土主義修身教育論」「社会的修身教育論」などが実践された。そのほとんどは大正期の修身教授改革論に由来するものであり，1932（昭和7）年には，『修身教育』や『道徳教育』といった道徳教育関係の専門雑誌も刊行された。

　昭和戦前期の修身教授改革論は，大正期の修身教授改革論と同じく，教授方法の改善に主眼を置いたものであったが，修身教育のあり方に対する批判論も含まれていた。なかでも天野貞祐は，1937年刊行の『道理の感覚』の中で「小学校や中学校では一般に修身教科書を用いて様々な徳目を解明し，日常の心得を教え，さらに解明を具体的ならしめんとして偉れた人々の言行を模範として述べている。教え方によってはこれも確かに徳育に資するであろう」と述べた。

　しかし，①「修身科」が道徳的な行為の方法を教えるに過ぎず，「模範的行為にしても多くは特別の場合におけるもので日常性に乏しい」こと，②「生徒が修身教科書を通じて様々な徳目，様々な有徳的言行を限りなく学ぶことには，生徒の道徳感覚を鈍らす」危険があること，③道

徳教育が，修身科を担当する教師だけの役割だと理解され，他の学科の
教師には修身科の授業は，自分とは無関係のように思わせてしまう傾向
があること，の３点から修身科の課題を指摘した。

　天野の指摘は，修身教育の特徴である徳目主義と人物主義に対する本
質的な問いでもあった。ただし，総力戦体制での逼迫した状況において
は，昭和戦前期の修身教育改革論や天野の指摘が注目されることはな
かった。近代教育における修身科の再検討が議論の対象とされるの
は，1945（昭和20）年の敗戦を起点とする戦後教育改革においてである。

引用・参考文献

勝部真長・渋沢久子『道徳教育の歴史─修身科から「道徳」へ』（玉川大学出版部，
　1984年）
江島顕一『日本道徳教育の歴史─近代から現在まで─』（ミネルヴァ書房，2016年）
貝塚茂樹監修『文献資料集成　日本道徳教育論争史』第１巻〜第10巻（日本図書セ
　ンター，2012年〜2013年）
貝塚茂樹『戦後日本教育史』（放送大学教育振興会，2018年）
貝塚茂樹『戦後日本と道徳教育─教科化・教育勅語・愛国心』（ミネルヴァ書房，
　2020年）
貝塚茂樹『新時代の道徳教育─「考え，議論する」ための15章』（ミネルヴァ書房，
　2020年）

学習課題

１．修身科の授業の特徴について説明できるようにしよう。
２．教育勅語の内容について説明できるようにしよう。
３．大正新教育運動における修身教授改革論の特徴について説明できる
　ようにしよう。

5 日本における道徳教育の歴史（2）
―戦後教育改革から現代まで―

貝塚茂樹

《**目標＆ポイント**》　本章は，1945（昭和20）年の敗戦を起点とした戦後教育改革期における道徳教育論議から1958（昭和33）年の「道徳の時間」の設置，さらには1966（昭和41）年の「期待される人間像」論争を経て，2017（平成29）年の「特別の教科　道徳」設置へと至る歴史的展開を整理し，その意義について考察する。
《**キーワード**》　戦後教育改革，教育勅語，「道徳の時間」，「期待される人間像」，「特別の教科　道徳」

1．戦後教育改革と道徳教育問題

（1）「三教科停止指令」と修身科

　1945（昭和20）年8月に敗戦した日本は，政治，経済，社会システムの抜本的改革を迫られた。とくに，道徳教育問題は，連合国軍最高司令官総司令部（GHQ／SCAP。以下では占領軍と略）と文部省（現在の文部科学省）の双方にとっての大きな課題であり，戦後教育改革の焦点の1つであった。ここでいう道徳教育問題とは，従来の修身科と教育勅語を中心とした道徳教育をいかに評価し，戦後の新たな道徳教育を構築するかという課題を意味している。

　占領軍は，同年12月31日に「修身，日本歴史及ビ地理停止ニ関スル件」（一般に「三教科停止指令」と称される）を指令した。指令の目的は，当

該三教科を占領軍が許可するまで停止し，教科書の「書き直し」を求めることにあった。占領軍は当初，修身科を改訂した上で，戦後においても教科として再開させることを意図していた。

　これに対して，日本側（文部省）は，同年11月に文部省内に公民教育刷新委員会を設置して新たな道徳教育の模索を進めた。占領軍が修身科の改訂再開を求めたのに対して，公民教育刷新委員会は，同年12月の「答申」の中で，従来の修身科が道徳的価値（徳目）を教えることに重点を置き，社会認識と実践の観点を軽視したと指摘し，戦後においては，修身科を廃止し，道徳的価値と社会認識を一体とした教育内容を基盤として新たな「公民科」の創設を提言した。

　しかし，日本側の「公民科」創設の方針は，占領軍の「三教科停止指令」の内容に反するものであり，占領軍は当初，これを占領政策違反であるとして容認しなかった。その後，占領軍と日本側との交渉の結果，一度は「公民科」創設の方針が進められたが，1946（昭和21）年5月以降，占領軍は「公民科」創設の方針をさらに転換し，社会科の設置を強く求めていった。これは，①日本側の構想した「公民科」が社会科の内容と類似していたこと，②アメリカで社会科を推進していた担当官が新たに着任したこと，などが主な要因であった。

　占領軍主導の社会科の導入は，日本側が進めていた「公民科」創設の構想とは基本的に性格の異なるものであった。なぜなら，「公民科」は，従来の修身科に代わる新たな教科であったが，社会科は歴史，地理を含めた広域総合教科であり，かならずしも道徳教育を担う教科ではなかったからである。結果として，「公民科」が創設されず，社会科が導入されたことは，道徳教育を担う明確な教科が教育課程からなくなることを意味していた。こうした歴史的な経緯は，日本側の戦後の道徳教育改革の構想が挫折したと同時に，修身科の果たしてきた役割と課題を学問的

に再検討する手続きを失ってしまう結果を招いた（貝塚：2001）。

（2）教育勅語問題と教育刷新委員会

　戦後の道徳教育理念を確立するにあたって，修身科と並んで大きな課題となったのは教育勅語問題である。占領軍では一時，教育勅語に代わる新教育勅語の渙発（かんぱつ）も模索したが，占領軍の基本的な立場は教育勅語それ自体の評価には直接に言及せず，学校の儀式等における神格的な取扱いを否定し，禁止するというものであった。占領軍が教育勅語の評価に言及しなかったのは，これが天皇制と関わる高度に政治的な問題であったためである。

　こうした占領軍の立場は，1946年3月の『第一次米国（アメリカ）教育使節団報告書』に引き継がれたが，日本側の教育勅語問題についての検討は，同年8月に設置された教育刷新委員会（第一特別委員会）において集中的に議論された。

　教育刷新委員会での議論は，大きく2つの見解を中心としながら展開した。1つは，「日本国民の象徴であり，日本国民統合の象徴という（天皇の）地位は，精神的の力を天皇がもって居られることを認めている。その範囲に於て勅語を賜るということは憲法の精神に反していない」（芦田均）というものである。それに対してもう1つの見解は，従来の教育勅語は新憲法下ではこれを奉読（ほうどく）することは望ましくなく，新憲法にふさわしい内容を天皇による「詔勅」という形式ではなく，教育根本法として国会が決定すべきである（森戸辰男）というものであった。

　教育刷新委員会は，同年9月25日の第2回総会において，①教育勅語に類する新勅語の奏請はこれを行わないこと，②新憲法発布の際に賜るべき勅語の中に，今後の教育の根本方針は新憲法の精神に則るべきこと，を確認した。これに基づいて策定された同年10月8日の文部次官通牒「勅

語及詔書等の取扱について」によって，教育刷新委員会の議論は，一応の結論に到達する。その内容は，①教育勅語をもって我が国唯一の淵源となる従来の考え方を排除すること，②式日等での教育勅語の奉読を禁止すること，③教育勅語を神格化する取り扱いを止めること，の3点に集約できる。

　通牒の立場は，教育勅語の廃止ではなく，教育勅語を絶対の理念とすることを否定した上で，特に学校教育での神格化した取り扱いを禁止することを求めたものであった。そして，この立場は，占領軍のCIE（民間情報教育局）もこの時点では基本的に容認していた。

　1947（昭和22）年3月の教育基本法の制定によって教育勅語問題は決着し，戦後の教育理念が示された。しかし，1948（昭和23）年6月19日に衆参両議院で「教育勅語等排除・失効確認決議」（以下，「国会決議」と略）が行われたことで教育基本法と教育勅語の関係は再び不安定なものとなった。「国会決議」は占領軍の民政局（GS）の強い働きかけによって行われたものであったが，とくに衆議院の「国会決議」は，教育勅語を日本国憲法に違反する「違憲詔勅」と位置付け，教育勅語が過去の文書としても権威を失うことになるとした。

　この点に対しては，「国会決議」が1946年10月8日の文部次官通牒「勅語及詔書等の取扱について」の内容を否定したものであるという指摘もなされた。また，一方では，衆議院の「国会決議」は教育勅語の「指導原理的性格」を否定したものであり，通牒の理念の徹底と実現を目指したものであるとする見解もある。

　いずれにしても，戦後日本教育史において，教育基本法と教育勅語の関係が現在も議論され続けている背景には，以上のような歴史的経緯をめぐる解釈の相違が基底となっている（貝塚：2020）。同時にそれは，戦後の道徳教育の理念をめぐる議論をより複雑なものとしていく要因と

なった。

2.「道徳の時間」の設置と「期待される人間像」

（１）「修身科」復活問題と「国民実践要領」制定論議

　戦後教育改革における道徳教育問題は，教育勅語と修身科に関わる問題を中心に展開した。1950（昭和25）年11月，天野貞祐文部大臣は，全国都道府県教育長協議会において，「わたしはもとの修身といったような教科は不必要だと考えていたが，最近各学校の実情をみると，これが必要ではないかと考えるようになった。（中略）そこで，教育の基礎として口先でとなえるものではなく，みんなが心から守れる修身を，教育要綱といったかたちでつくりたい」と発言した。

　この発言を契機として，「修身科」復活と「国民実践要領」制定の是非をめぐる議論が展開した。基本的に前者は，従来の修身科として復活することを意図したわけではなく，教育課程の中で道徳教育を担う教科の是非を問うものであった。また，後者は教育勅語が唯一絶対の教育理念としての意味を有しなくなった後，それに代わる新たな道徳教育の理念となるものが必要ではないかという問題提起であった。

　天野の問題提起は，当時の世論を巻き込んだ活発な論争となったが，天野の発言に具体性がなかったことなどが要因となり，道徳教育を担う教科も「国民実践要領」の制定も実現はしなかった。しかし，天野の提起した課題は，1958（昭和33）年の「道徳の時間」設置論争や1966（昭和41）年の「期待される人間像」論争へと引き継がれた（貝塚：2001）。

（２）「道徳の時間」設置論争の展開

　1957（昭和32）年 8 月，松永東(とう)文部大臣は，「地理・歴史を社会科の中におりこみ，修身や倫理というものを独立させる方がよい。父母の多

くは，倫理を教育すべきだといっており，このさいはっきりした指針を与える必要からも道徳教育を独立教科にしなければならない」と発言して，道徳の「教科化」に言及した。

これを受けて教育課程審議会（2001年に中央教育審議会初等中等教育分科会に再編）は，1958年3月15日に「小学校・中学校教育課程の改善について」を答申した。答申は，道徳教育が，社会科をはじめ各教科その他教育活動の全体を通じて行われているが，「その実情は必ずしも所期の効果をあげているとはいえない」と分析した。そして，今後も学校教育活動の全体を通じて行うという従来の方針は変更しないが，「現状を反省し，その欠陥を是正し，すすんでその徹底強化をはかるために，新たに道徳教育のための時間を特設する」こと，その道徳の時間は，「毎学年，毎週一時間以上とし，従来の意味における教科としては取り扱わないこと」を提言した。

この答申に基づき文部省は，同年3月18日に「小学校・中学校における『道徳』の実施要領について」を通達し，「道徳の時間」設置の趣旨，目標，指導内容，指導方法，指導計画の作成等についての大綱を示した。とくに「道徳の時間」設置の趣旨は，「児童生徒が道徳教育の目標である道徳性を自覚できるように，計画性のある指導の機会を与えようとするもの」とした上で，「他の教育活動における道徳指導と密接な関連を保ちながら，これを補充し，深化し，または統合して，児童生徒に望ましい道徳的習慣・心情・判断力を養い，社会における個人の在り方についての自覚を主体的に深め，道徳的実践力の向上をはかる」ものであると説明された。

同年8月28日に学校教育法施行規則が一部改正され，「道徳の時間」は小学校・中学校の教育課程の中に教科ではないが，各教科，特別教育活動，学校行事と並ぶ1つの領域として位置付けられ，同年9月からの授

業が義務付けられた。

　「道徳の時間」の設置を巡っては激しい論議が展開された。なかでも，1950年代以降，「文部省対日教組」といった対立構図が顕著となる中で，日本教職員組合(日教組)はこれに激しく反対した。一般的に，「道徳の時間」設置への反対論の多くは，「道徳の時間」設置の是非を教育の問題として問うことよりも，政治的なイデオロギー論を色濃くした批判が基調となり，道徳教育は政治的対立の争点となる傾向が強かった。特に，「道徳の時間」は戦前の「修身科の復活」であり，子どもたちを再び戦争へと駆り立てるものであるとする批判が中心となった。

　こうした状況を背景として，学校での「道徳の時間」の実施率は，決して高くはなかった。たとえばそれは，1963（昭和38）年 7 月の教育課程審議会答申「学校における道徳教育の充実方策について」が，「教師のうちには，一般社会における倫理的秩序の動揺に関連して価値観の相違がみられ，また道徳教育についての指導理念を明確に把握しないものがみられる。それで，いわゆる生活指導のみをもって足れりとするなどの道徳教育の本質を理解していない意見もあり，道徳の指導について熱意に乏しく自信と勇気を欠いている者も認められる。また，一部ではあるが，道徳の時間を設けていない学校すら残存している」ことが，「道徳教育の充実に大きな障害となっている」と指摘したことにも象徴されていた（貝塚：2020）。

（3）「期待される人間像」と道徳教育

　中央教育審議会（以下，中教審と略）は，1966（昭和41）年10月31日に答申「期待される人間像」を公表した。これは，①技術革新が急速に進展する社会において，いかにして人間の主体性を確立するか，②国際的な緊張と日本の特殊な立場から考えて，日本人としていかに対処する

か，③日本の民主主義の現状とそのあり方から考えて今後いかなる努力が必要か，という3つの課題に答えたものであった。

「期待される人間像」は，「個人として」「家庭人として」「社会人として」「国民として」の全4章から構成され，その内容は「日本人としての自覚をもった国民であること，職業の尊さを知り，勤労の徳を身につけた社会人であること，強い意志をもった自主自立の人間であること」という人間像に集約された。

たとえば，愛国心については，国家を「世界において最も有機的であり，強力な集団である」と位置付けながら，「国家を正しく愛することが国家に対する忠誠である。正しい愛国心は人類愛に通ずる」とされた。また，第8章でも述べるように，「期待される人間像」は，「宗教的情操」についても詳しく言及し，その内容を定義付けた。

「期待される人間像」をめぐっては，「道徳の時間」設置の際と同じく，政治的イデオロギー論の立場に基づいて行われる議論が主流となった。そのため，「期待される人間像」の内容が十分に検討されたとは言えないが，その後の学習指導要領や臨時教育審議会の答申などに継承された部分は少なくなかった。

3．臨時教育審議会と教育基本法の改正

（1）臨教審答申と道徳教育

1970年代後半から顕著となった校内暴力，いじめなどの「教育荒廃」は，1980年代に入ると更に深刻化していった。こうした状況の中で，1984（昭和59）年9月，中曽根康弘首相は，内閣直属の諮問機関として臨時教育審議会（以下，臨教審と略）を設置した。1986（昭和61）年4月の臨教審の第二次答申は，「徳育の充実」を掲げ，①初等教育においては，基本的な生活習慣のしつけ，自己抑制力，日常の社会規範を守る態度な

どの育成を重視する。また，中等教育においては，自己探求，人間としての「生き方」の教育を重視する，②児童・生徒の発達段階に応じ，自然の中での体験学習，集団生活，ボランティア活動・社会奉仕活動への参加を促進することなどを提言した。

　臨教審の答申を受けて，1989（平成元）年に改訂された学習指導要領は，自ら学ぶ意欲と社会の変化に対応できる人間の育成を強調し，「自ら考え主体的に判断し行動する力を育てる教育の質的転換」を目指したものとなった。具体的には，学習指導要領の「道徳」の目標に人間尊重の一層の深化を図るために「生命に対する畏敬の念」が加えられるとともに，「主体性のある」日本人の育成が強調された。特に，「生命に対する畏敬の念」は，「生命のかけがえのなさや大切さに気付き，生命あるものを慈しみ，畏れ，敬い，尊ぶことを意味する」と説明された。この基本的な理解は，「期待される人間像」での「宗教的情操」に関する定義を踏まえたものといえる。

（2）「生きる力」と「心の教育」答申

　1996（平成8）年7月の中教審答申「21世紀を展望した我が国の教育の在り方について（第一次答申）」は，これからの学校教育のあり方として，「ゆとり」の中で「生きる力」を身に付けることを求めた。具体的に「生きる力」については，「いかに社会が変化しようと，自分で課題を見つけ，自ら学び，自ら考え，主体的に判断し，行動し，よりよく問題を解決する資質や能力」，「自ら律しつつ，他人とともに協調し，他人を思いやる心や感動する心など，豊かな人間性」，「たくましく生きるための健康や体力」を重要な要素として掲げた。

　中教審答申を踏まえて，1998（平成10）年12月に学習指導要領が改訂された。道徳教育に関しては，「生きる力」の育成を図るために，豊か

な心と未来を拓く実践力の育成と学校の教育活動全体で取り組むべき道徳教育の要としての「道徳の時間」の役割が強調され，校長や教頭の参加と他の教師との協力的な指導を取り入れること，また，ボランティア活動や自然体験活動などの体験活動を生かすなどの多様な指導の工夫が求められた。

　中教審は，同年6月30日に「新しい時代を拓く心を育てるために―次世代を育てる心を失う危機―」（以下，「心の教育」答申と略）を答申していた。「心の教育」答申は，「道徳の時間」の現状について，「子どもの心に響かない形式化した指導，単に徳目を教え込むにとどまるような指導も少なくない」と分析しながら，「教員が道徳教育に消極的であったり，その意義に無理解であっては，道徳教育の成果をあげることは期しがたい」として，「道徳教育に対する意識の向上」を強く求めた。

　また，「心の教育」答申は，「生きる力」の核となる「豊かな人間性」について，①美しいものや自然に感動する心などの柔らかな感性，②正義感や公正さを重んじるこころ，③生命を大切にし，人権を尊重する心などの基本的な倫理観，④他人をおもいやる心や社会貢献の精神，⑤自立心，自己抑制力，責任感，⑥他者との共生や異質なものへの寛容などの感性や心であると定義した。

　さらに，「心の教育」答申は，学校の教育活動全体で行う道徳教育の「要」としての「道徳の時間」の役割とその活性化を提言するとともに，ボランティア活動，自然体験活動，郷土の文化・伝統に親しむ活動といった体験的な道徳教育の必要性を求めた。

　これらの提言に基づいて，文部科学省は，2002（平成14）年に「心のノート」と称する小冊子を作成し，全国の小・中学生に配布した。その趣旨は，「児童生徒が身に付ける道徳の内容を，児童生徒にとってわかりやすく書き表し，道徳的価値について自ら考えるきっかけとなるもの」

とされ，「道徳の時間」などでの活用が期待された。

（3）教育基本法の改正と道徳教育

　2006（平成18）年12月22日，教育基本法が改正され，公布・施行された。同法は1947（昭和22）年3月に制定された教育基本法（以下「旧法」という）の全部を改正し，教育の目的及び理念並びに教育の実施に関する基本を定め，国及び地方公共団体の責務を明らかにしたものである。同法は，旧法が掲げてきた普遍的な理念を基本的に継承しつつ，公共の精神等，日本人が持っていた「規範意識」を大切にし，それらを醸成してきた伝統と文化の尊重など，教育の目標として今日特に重要と考えられる事柄を新たに定めている。

　教育の目的及び目標については，旧法にも規定されている「人格の完成」を継承した上で，「公共の精神」や「伝統と文化の尊重」などを加えた。また，道徳教育に関連しては，第2条において，「幅広い知識と教養を身に付け，真理を求める態度を養い，豊かな情操と道徳心を培うとともに，健やかな身体を養うこと」「個人の価値を尊重して，その能力を伸ばし，創造性を培い，自主及び自律の精神を養うとともに，職業及び生活との関連を重視し，勤労を重んずる態度を養うこと」「正義と責任，男女の平等，自他の敬愛と協力を重んずるとともに，公共の精神に基づき，主体的に社会の形成に参画し，その発展に寄与する態度を養うこと」「生命を尊び，自然を大切にし，環境の保全に寄与する態度を養うこと」「伝統と文化を尊重し，それらをはぐくんできた我が国と郷土を愛するとともに，他国を尊重し，国際社会の平和と発展に寄与する態度を養うこと」を明記した。

4.「特別の教科　道徳」の成立と道徳教育

（1）「特別の教科　道徳」設置の提言

　2013（平成25）年 2 月26日，教育再生実行会議が発表した「いじめ問題等への対応について（第一次提言）」（以下，「第一次提言」と略）を直接の契機として，道徳の教科化が大きな議論となった。「第一次提言」では，「現在行われている道徳教育は，指導内容や指導方法に関し，学校や教員によって充実度に差があり，所期の目的が十分に果たされていない状況」にあると指摘した。そして，「道徳の教材を抜本的に充実するとともに，道徳の特性を踏まえた新たな枠組みにより教科化し，指導内容を充実し，効果的な指導方法を明確化する」ことを提言した。

　教育再生実行会議の「第一次提言」を受けて，2013年 3 月に文部科学省に設置された「道徳教育の充実に関する懇談会」（以下「懇談会」と略）は，同年12月に「今後の道徳教育の改善・充実方策について（報告）―新しい時代を，人としてより良く生きる力を育てるために―」（以下「報告」と略）をまとめた。

　「報告」では，道徳教育は自立した一人の人間として人生を他者とともにより良く生きる人格の形成を目指すものであるとした上で，教育の根本に道徳教育が据えられるべきであるとした。しかし，現在の学校は，道徳教育の理念の共有や教師の指導力など多くの面で課題が存在している現状にあり，本来の道徳教育の「期待される姿には遠い状況にある」と指摘した。

　また「報告」は，社会の中には道徳教育が国家による価値の押し付けであり，戦争への道を開くものであるというような「アレルギーともいうべき不信感や先入観が存在しており，そのことが道徳教育軽視の根源にある」ことがこうした現状の背景にあるとした。その上で「報告」は，

「道徳教育の目指す理念が関係者に共有されていない」「教員の指導力が十分でなく，道徳の時間に何を学んだかが印象に残るものになっていない」「他教科に比べて軽んじられ，実際には他の教科に振り替えられていることもある」などを具体的に指摘した。

　そして「報告」は，今後の社会においては，道徳教育は人間教育の普遍的で中核的な構成要素であるとともに，その充実は今後の時代を生き抜く力を一人一人に育成する上での緊急な課題であり，「道徳の時間」が学校の教育活動全体で行う道徳教育の「要」としての役割を果たすためには，教科化による制度的な変革が必要であると結論付けた。

（2）中央教育審議会の議論と「特別の教科　道徳」の成立

　教育再生実行会議の「第一次提言」や懇談会の報告を踏まえ，中央教育審議会は2014（平成26）年3月4日に教育課程部会に道徳教育専門部会を設置して具体的な審議を進め，同年10月21日に「道徳に係る教育課程の改善等について」（以下，「答申」と略）を答申した。

　「答申」は，道徳教育の充実を図るためには，「道徳の時間」を「特別の教科　道徳」（仮称）として新たに位置付け，「その目標，内容，教材や評価，指導体制の在り方等を見直すとともに，『特別の教科　道徳』（仮称）を要として道徳教育の趣旨を踏まえた効果的な指導を学校の教育活動全体を通じてより確実に展開することができるよう，教育課程を改善することが必要と考える」とした。

　「答申」に基づき，2015（平成27）年3月27日に学校教育法施行規則及び学習指導要領が一部改訂され，従来の「道徳の時間」は，「特別の教科　道徳」（法規上においては「特別の教科である道徳」）と改められた。これによって，道徳の教科化が実現し，小学校は2018年（平成30）年度，中学校は2019（平成31）年度から「特別の教科　道徳」（以下，道徳科

と略）が設置された。また，同年 7 月には教科書検定審議会において道徳科の教科書検定の基準が明確にされた。

　一般に教科とは，①教科書があること，②「専門免許」があること，③数値評価をすること，が基本的な要件とされる。しかし，道徳科は，教科書があること以外は，その他の要件を充足していない。「特別の」という名称が付けられたのは，他の教科と基本的な性格を異にしていることが理由である。

（3）「考え，議論する道徳」への転換

　中教審は，「答申」の内容を更に具体的に検討するために，「道徳教育に係る評価等の在り方に関する専門家会議」（以下，「専門家会議」と略）を設置して検討を進めた。専門家会議は，2016（平成28）年 7 月22日に「報告」を公表した。「報告」は，「道徳科における質の高い多様な指導方法」として，①読み物教材の登場人物への自我関与が中心の学習，②問題解決的な学習，③道徳的行為に関する体験的な学習，の 3 つを例示した。

　また，評価については，児童生徒のよい点を褒めたり，さらなる改善が望まれる点を指摘するなど，児童生徒の発達の段階に応じ励ましていく「個人内評価」を記述式で行うものとされた。道徳科で行われる評価は，「学習状況や道徳性に係る成長の様子」であり，その際には，①他者の考え方や議論に触れ，自律的に思考する中で，一面的な見方から多面的・多角的な見方へと発展しているか，②多面的・多角的な思考の中で，道徳的価値の理解を自分自身との関わりの中で深めているか，が重要であるとされた。

　2016（平成28）年12月21日の中央教育審議会答申「幼稚園，小学校，中学校，高等学校及び特別支援学校の学習指導要領の改善及び必要な方

策等について」は，道徳科設置の意味と目的について「多様な価値観の，時には対立のある場合を含めて，誠実にそれらの価値に向き合い，道徳としての問題を考え続ける姿勢こそ道徳教育で養うべき基本的資質であるという認識に立ち，発達の段階に応じ，答えが1つでない道徳的な課題を一人一人の児童生徒が自分自身の問題と捉え，向き合う『考え，議論する道徳』へと転換を図るものである」と明記した。

　また，道徳科においては，他者と共によりよく生きるための基盤となる道徳性を育むための「考え，議論する道徳」を実現することが，「主体的・対話的で深い学び」を実現することであるとされた。また，2017（平成29）年6月には，小・中学校の『学習指導要領解説　特別の教科　道徳編』がそれぞれ発表され，「特別の教科　道徳」の内容が説明された（貝塚：2020）。

（4）「特別の教科　道徳」成立の歴史的意義

　これまで述べてきたように，戦後日本の教育においては，戦前の教育に対する拒否感のみが強調され，道徳教育は政治的なイデオロギー対立の争点とされる傾向が強かった。それは，戦後教育改革期における論争，1958年の「道徳の時間」設置をめぐる論争，さらには，1966年の「期待される人間像」や「心のノート」をめぐる論争の中に顕著に認めることができる。

　道徳教育は人間教育の普遍的で中核的な構成要素であるとともに，その充実は今後の時代を生き抜く力を一人一人に育成する上での緊急な課題である。しかし，戦後の道徳教育の歴史は，学校が，児童生徒に対する道徳教育の責任と役割を十分に果たしていない側面があり，「人格の完成」を目指す教育基本法の目的や学習指導要領の趣旨を実現していたとは必ずしもいえない。

　道徳科の設置は，道徳授業の「形骸化」を克服する方向性を示した。また政治的なイデオロギー対立の中で論じられる傾向の強かった道徳教育において，教科書，指導法，評価などの具体的な教育課題を論議するための環境を整える役割を果たしたといえる。

引用・参考文献

貝塚茂樹『戦後教育改革と道徳教育問題』（日本図書センター，2001年）
貝塚茂樹『道徳の教科化―「戦後七〇年」の対立を超えて―』（文化書房博文社，2015年）
「考え，議論する道徳」を実現する会編『「考え，議論する道徳」を実現する』（図書文化社，2017年）
西野真由美編『新訂　道徳教育の理念と実践』（放送大学教育振興会，2020年）
貝塚茂樹『戦後日本と道徳教育―教科化・教育勅語・愛国心―』（ミネルヴァ書房，2020年）
貝塚茂樹『新時代の道徳教育―「考え議論する」ための15章』（ミネルヴァ書房，2020年）

学習課題

１．戦後における道徳教育問題の歴史的な動向について説明できるようにしよう。
２．戦後教育における道徳教育論争の特徴について説明できるようにしよう。
３．「特別の教科　道徳」の歴史的な意義について自分なりに考えてみよう。

6 │ 諸外国の道徳教育

林　泰成

《**目標＆ポイント**》　まず，西洋文明と東洋文明の考え方の違いについて考察する。ついで，特色のある諸外国の道徳教育の在り方を取り上げ，道徳教育の国際的な動向について検討し，それとの比較において，日本の道徳教育を拡張する可能性について考察する。さらに，道徳教育の多様性と普遍性について考える。
《**キーワード**》　西洋，東洋，シティズンシップ教育，子どものための哲学

---

1. 東洋文明と西洋文明

（1）東西の考え方の違い

　各国の道徳教育を取り上げる前に，背景としてまず，東洋と西洋の考え方の違いについて考察してみよう。こうした考察は，しかし，大きな視点で傾向性を見るという点で，厳密な科学的根拠に基づくというよりは，多くの者が納得できるかどうかというような類のものでしかありえない。そうした点には注意しながら，考えてみよう。

　社会心理学者のニスベットは，東洋と西洋の哲学者や歴史家，文化人類学者らの文献を渉猟して，次のように述べている。

　「彼らの見解によれば，ヨーロッパ人の思考は「対象の動きは（それが物体であれ，動物であれ，人間であれ）単純な規則によって理解可能である」との前提の上に成り立っている。西洋人はものごとをカテゴリー

に分類することに強い関心を持っている。なぜなら，分類することによって，今問題となっている対象にどの規則を適用すればよいかがわかるからである。また，問題解決に当たっては形式的な論理規則を適用することが有効だと信じている」

　「これに対して，東アジア人は対象を広い文脈のなかで捉える。アジア人にとって，世界は西洋人が思うよりも複雑であり，出来事を理解するためには常に複雑に絡み合った多くの要因に思いを馳せる必要がある。形式論理学はほとんど問題解決の役には立たない。実際，論理にこだわりすぎる人間は未熟だとみなされることもある」

　西洋の思考が，論理的，理性的で，東洋の思考はそうではないといわれると，なんとなく納得させられる。しかし，西洋の思想史の中で育まれた弁証法の論理は，形式論理とは違って無矛盾律を否定するような論理であり，東洋的なもののようにとらえることもできるから，こうした単純なとらえ方では，確信をもってそうだとはいい切れない部分もある。けれども，こうしたおおざっぱな捉えが，ある傾向性を浮かび上がらせ，多くの者を納得させるということもまた事実なのである。

　こうした視点で，道徳教育を捉えなおせば，たしかに，これまでの日本の道徳教育は，西洋諸国で行われているような，理性的能力としての判断力やそれを育むものとしての討論を重視する教育ではなく，心情面に焦点化した道徳教育であったといえる。もちろん，教科化後の道徳科授業では，そうした点を反省して「考え，議論する」道徳が唱えられ，論理的，理性的な思考法が強調されているが，そうした提案に対して，従来型の心情重視の道徳教育の良さを説く者もいる。

　今後，東洋と西洋という２つの立場は，融合していくのであろうか。それとも，異なる２つの文明の考え方として，対立を孕みながらも存続していくのであろうか。今以上にグローバル化が進めば，とうぜん，人々

の行動を規制するものとして自然発生的に共通の道徳が生まれてくると考えられるであろうが，一方で，多様性を尊重する立場から，国や地域に特徴的な道徳的規則も残っていくものと思われる。

（2）宗教教育と道徳教育

　道徳教育における東西の違いを考えるときに，もう1つ重要な視点がある。それは宗教とのかかわりである。宗教教育については，本書の第8章でも取り上げるが，宗教の教えの中にはたいていの場合，日常生活における道徳的な教えが含まれているから，両者に関係があるという主張については，多くの者が納得すると思われる。

　とくに西洋社会においては，宗教と道徳との間に強い関係が認められる。そのことが，矛盾した言い方に聞こえるかもしれないが，道徳教育に代えて宗教教育を教えてきた国と，宗教を公教育から切り離そうとしてきた国を産み出してきたといえよう。

　宗教教育の歴史を振り返ってみると，伝統的に宗教教育を実施してきたイギリスやドイツやフィンランドのような国がある一方で，宗教教育を禁止してきたフランスのような国もある。

　フランスでは，1882年に制定されたジュール・フェリー法によって公教育の「無償制，義務制，ライシテ（無宗教性）」が定められた。その後は，道徳教育が行われてきたが，1969年，小学校における「三区分教授法」[1]の導入によって道徳の名前が消え，2008年に公民道徳教育が教育課程に位置付けられ，道徳の名前が復活した。

　宗教教育を実施するか，しないかという点では，まったく違った考え方のようにも見えるが，宗教教育と道徳教育のつながりを強いものとして捉えているという点では，共通している。

　それに対して，アジア圏では，たとえば，中国や韓国や日本のように，

---

1)　これまでの科目を，「基礎科目」，「目覚まし科目」，「体育・スポーツ」の3群に分けて教えるやり方で，道徳教育は「目覚まし科目」に吸収された。

宗教教育と切り離された形で道徳教育を実施している国は多い。

　こうした事態は，何に由来するのであろうか。西洋社会をユダヤ・キリスト教文化圏として捉え，東洋社会を儒教・仏教文化圏として捉えるなら，前者を，唯一絶対神を信仰する文化，後者を，多神教的神を信仰する文化，あるいは，宗教を世界観や人生観として捉える文化とみなすこともできそうではある。しかし，韓国では，プロテスタントとカトリックを合わせればキリスト教信者の数が一番多いし，インドネシアでは，ユダヤ教やキリスト教と同様に唯一絶対神を信仰するイスラム教徒が全人口の９割近くを占めている。例外的な事例はいくつもあるということを述べて，おおざっぱな捉えとして示しておきたい。

2．諸外国の道徳教育

（1）中国における道徳教育

　ここではまず，東洋における一例として中国の道徳教育を取り上げよう。

　中国では，1980年代に「政治」という教科が「思想品徳」という名称に変更され，道徳教育を教える教科として位置付けられた。2002年には，『品徳と生活　課程標準』[2]と『品徳と社会　課程標準』が定められ，小学校１学年と２学年では，「思想品徳」と「自然」が統合されて「品徳と生活」となり，３学年から６学年では，「思想品徳」と「社会」が統合されて「品徳と社会」になった。また，中学校では「思想品徳」が，高校では「思想政治」が，道徳教育系の教科として位置付けられている。

　近年，また大きな改革があり，2016年９月に始まる新年度より，小学校１学年と中学校１学年で，「道徳と法治」という教科が設置された。2019年９月からは，小中学校全学年でこの「道徳と法治」が開始される。この「道徳と法治」は，「品徳と生活」，「品徳と社会」，「思想品徳」に

---

2)　『課程標準』は中華人民共和国教育部より出されているもので，『品徳と生活　課程標準』と『品徳と社会　課程標準』は，日本でいえば，『小学校学習指導要領解説　特別の教科　道徳編』にあたる。

代えて設置されたものであるが，法治ということを強調した背景には，中国最高指導者である習近平による「法による国家統治」を推進しようとする政策がある。その一環として法治に関する教科を設置しようということである。

　実際に教科書を見てみると，教師のハラスメントの話題なども取り上げられており，日本の道徳の教科書では，法律や人権の問題はここまで詳しくは取り上げられていないので，とても進歩的な内容だといえる。

　小中学校段階の教科書の内容の変遷を歴史的に俯瞰すると，マルクス・レーニン主義など，政治的要素の強い内容から，徐々に，生活と結びついた形で教えられるようになり，現状では，法治について教える段階にまで到達している，と捉えることができる。

（2）韓国における道徳教育

　韓国では，2015年に「教育課程」[3] の改訂が行われた。能力の開発を中心にしているという点は，国際的な動向といえるが，特徴的なのは，1・2学年，3・4学年，5・6学年という2学年ごとのくくりでとらえる学年群と，教科群のくくりで時間数を設定しているという点である。

　たとえば道徳教育に関連する部分で言えば，小学校1・2学年では「正しい生活」が128時間，3・4学年では「社会／道徳」が272時間，5・6学年では「社会／道徳」が272時間となっている。この場合，1時間の授業は原則40分で考えられている。また「社会」と「道徳」には，関連した内容もあるので，統合して教えることができる。さらに，2学年での配置を考えればよいので，長時間でまとめて実施する方がよいと考えられる教科の授業に，集中的に時間を当てることも可能になっている。日本でも現在の学習指導要領では，カリキュラム・マネジメントが求め

---

3)　日本の学習指導要領にあたる。

られるようになっているが，韓国のような，こうしたゆるい縛りに変えないと，学校現場にカリキュラムのマネジメントがゆだねられても，自由なマネジメントなどできないのではないかと思われる。

　ちなみに，中学校では，「社会（歴史）／道徳」が1〜3学年で510時間になっている。

（3）イギリスにおける道徳教育

　西洋における一例として，イギリスの道徳教育を取り上げよう。イギリスの場合は，伝統的に，道徳教育に替えて宗教教育が行われてきた。

　イギリスでは，1944年教育法によって「宗教教授（religious instruction）」と集団礼拝が義務化された。そこで教えられる内容は，キリスト教である。その後は，1988年教育改革法によって，名称が「宗教教育（religious education）」と変更されたが，必修であることに変更はなく，キリスト教が取り上げられることも変わらない。しかし，他宗教への配慮が求められることになった。こうした配慮は，1960年代以降の外国人労働者の流入の影響があったといわれている。その子弟がイギリスの公立学校に入学するようになり，キリスト教以外の宗教，とくにイスラム教を信仰する者も増えてきたからである。そうした背景から，ジョン・ウイルソンや，ピーター・マクファイルらが，宗教教育によらない道徳教育プログラムを提案するようになった。

　1980年代に入ると，PSHE（Personal, Social and Health Education：人格的社会的健康教育）が導入されるようになった。これは，人格形成や社会性の育成，健康で安全な生活スキルの獲得やキャリア教育などを総合的に扱う教育である。

　また同時に，シティズンシップ教育の必要性が議論されるようになってきた。シティズンシップとは「市民権，公民権，市民性」と訳される

言葉であるが，日本で従来行われてきた知識教育中心の公民教育とは異なり，もっと主体的に様々な活動に参加することを促すような取り組みが主張されている。1997年には，イギリスの文部省はシティズンシップ教育についての諮問委員会を設置し，翌年には最終答申が出されている[4]。その報告書によれば，シティズンシップ教育の目的は，「参加型民主主義の本質と実践に関する知識・技能・重要性の定着・強化を図ること，児童・生徒が行動的市民へと成長する上で必要とされる権利と義務に対する認識および責任感を高めること，そして同時に地域ないしはより広い範囲の社会に関わることの個人・学校・社会にとっての重要性を確立すること」である。

　こうした内容は，シティズンシップ教育の問題であり，道徳教育とは関係がないとの批判もあるかもしれない。しかし，道徳教育の範囲から，こうした問題を締め出してしまうと，狭い価値観のみを扱うことになりかねない。ある道徳的価値が正しいかどうかは，最終的には，子ども自身に委ねられねばならない。なぜなら，子どもの自律を促すことが道徳教育のねらいだからである。この価値観が望ましいのかどうかを，子ども自身にその発達段階に応じて，民主的な視点から検討させることは，道徳教育の枠組の内でも取り組まれるべきことであろう。

（4）子どものための哲学

　アメリカを初めとして，複数の国々で取り組まれている動きの1つとして，「子どものための哲学」（philosophy for children）がある。近年のその動きの直接的な創始者は，マシュー・リップマンであり，彼は1974年に，アメリカのモントクレア州立大学で「子どものための哲学推進研究所」を設立している。彼の取り組みは，子どもたちに物語を読み聞かせ，哲学的な問いを投げかけ，議論するというようなものである。その

4）　この答申は，「クリック・レポート」と呼ばれている。その日本語訳は，長沼・
　大久保（2012）に収録されている。

理論的な背景には，ジョン・デューイの教育哲学があるといわれている。

　哲学の営みそのものは紀元前よりあるが，現代では，1つの学問領域として位置付けられているといえよう。だが，哲学は，他の学問領域とは違って，知識体系としてまとめられているというよりも，むしろ哲学する活動（たとえば，問いを立て，常識を疑い，主張の根拠を徹底して考え抜くような知的活動）として捉えられてもいる。

　リップマンの試みは，子ども自身を，そうした哲学する活動に誘うということである。こうした場合に教師は，知識の伝達者ではなく，子ども自身が哲学することを支援するファシリテーターということになる。

　またフランスでは，以前より，哲学的な考え方をトレーニングする教育が行われている。高校で哲学が教えられているということはよく知られているが，中学校教育の段階でも，様々な教科の学習を通して哲学的な考え方のトレーニングがなされている。

　こうした「子どものための哲学」は，最近，日本でも導入され始めている。道徳や学級活動の時間などを使った取り組みが公開されている。しかし，こうした活動を道徳教育として位置付けることができるかどうかは議論の余地があろう。というのも，日本の道徳教育では，学習指導要領に記載されている道徳的価値を教えるということが基本になっているからである。あるテーマで哲学的な議論をしたとして，決められた道徳的価値を教えることができるであろうか。教科書の使用についてはどうするのか。しかし，一方で，教科化後に求められている「考え，議論する」道徳は，こうした試みの中でこそ達成されるといえる。

（5）日本の道徳教育への示唆

　中国や韓国の道徳教育は，日本の道徳教育と類似した面もある。教科書を使用し教科として教えられていることや，道徳的価値あるいは徳目

を教えるような面も類似点として挙げることができる。

　一方で，イギリスの PSHE やシティズンシップ教育，またアメリカを例として取り上げた「子どものための哲学」は，日本の道徳教育と比較すると，大きく異なる点がある。それは，道徳的価値を教える形にはなっておらず，むしろ，学級活動や社会科教育，シティズンシップ教育などとの類似点の方が多いように思われるということである。

　日本の道徳教育は，教科化前も，教科化後も，道徳的価値を教えるという点には変更がない。西洋でも日本と類似の道徳教育がないわけではない。たとえば，アメリカで行われている品性教育では道徳的価値を取り上げている。

　しかし，ここで取り上げた PSHE，シティズンシップ教育，子どものための哲学のような取り組みは，自分の頭で考え，周りの人たちとともに議論し，自らの行動を決定し，社会の在り方にも責任をもつ生き方をするということを学ぶためには，道徳的価値を学ぶのではない道徳教育の方法もある，ということに気付かせてくれるのではないだろうか。

　道徳教育の研究をしていると，ときに，偏った思想の持ち主であるかのように批判されることがあるが，しかし，繰り返し強調しておきたいと思うが，道徳は民主的な社会においても必要なものである。民主的な価値観形成のための道徳教育の在り方について，諸外国の例から学ぶことができるのではないだろうか。

3．道徳教育における多様性と普遍性

（1）AME と APNME

　道徳教育に関する国際的な学会が 2 つある。1 つは，道徳教育学会（AME : Association for Moral Education）であり，もう 1 つは，アジア太平洋道徳教育ネットワーク（APNME : Asia-Pacific Network for

Moral Education）である。

　AME は，1976年に第 1 回大会がニューヨークで開催されている。年に 2 度開催されたことがあるようで，2020年にカナダのオタワで開催される大会が第46回大会になる。主としてアメリカで開催されているが，カナダやイギリスなどでも開催されている。主に，ヨーロッパやアメリカの研究者が集まっているが，アジア圏からの参加者もある。

　APNME は，2006年に日本で開催された小さな集まりから始まった。千葉県柏市にある麗澤大学で，『ジャーナル・オブ・モラル・エデュケーション』の編集長モニカ・テイラーを中心に，日本，中国，韓国の道徳教育研究者たちが集まって，小さな勉強会が持たれた。その際に，テイラーから「アジア圏には，アジア文化に特徴的な道徳教育があるのだから，AME とは別に学会を作ってはどうか」という提案があり，この集まりを第 1 回目として，APNME が始まった。その後，アジア太平洋地区で年 1 回開催されてきたが，2010年には，長崎大学で第 5 回大会が開催された。2020年には上越教育大学で第14回大会が開催予定であったが，コロナウイルス感染拡大の影響で延期されることになった。

　この学会に参加して思うのは，各国の文化事情に応じて異なる面もあるのだが，意外と同じような道徳授業をやっているように感じられるということである。日本にいると，道徳教育に関する海外情報は，アメリカやヨーロッパからの情報が中心で，アジア圏の情報はあまり入ってこない。観光旅行で訪れても道徳教育の情報までは入手できないし，授業を見学することもできない。しかし，文化的に近い国々の道徳教育から学ぶべきことは多いのではないかと思われる。そういう意味では，日本の道徳教育の在り方を振り返る場としても，こうした学会には大きな存在意義があるといえる。

（2）多様性と普遍性

　本章では，諸外国の道徳教育の例を取り上げた。紹介しながら，難しいと感じるのは，何を道徳教育とみなすのかは，それぞれの国や文化によって違うということである。ここでは，非常に幅広くとらえて，宗教教育やシティズンシップ教育，哲学なども，道徳教育に関連する領域として言及した。

　こうした難しさは，そもそも道徳とはなにかということが明確でないからであるが，しかし，それを定義することも難しい。道徳には，善とか，正義とかの普遍的ではあるが具体的な内容を語りにくい抽象的な概念もあれば，あいさつとか席を譲るとかの日常的な内容もあり，また，全人類に適用されてもよいと考えられるものもあれば，その地域なり国なりに特有のものもある。たとえば，人を傷つけてはいけないとか，思いやりある行動をすべきであるとかは，前者であろう。目上の人にはきちんとお辞儀をしなければならないということは後者であろう。あいさつするということは世界共通かもしれないが，お辞儀をするという慣習は，特定の地域や文化に限定されるだろうからである。ある地域では，お辞儀ではなく握手が一般的かもしれないし，お辞儀も握手もしないのが慣例だという地域もあろう。

　そうしたことを考えると，まず大切にしなければならないのは，多様性を認め合うということである。ある特定の文化や地域の道徳だけが正しくて他は誤りであるということはありえないという前提が必要である。その上で，共通に了解しあえる部分を，普遍的な原理として互いに受け入れることが求められる。

　グローバル化が進めば，世界共通の道徳が成立しうるという意見もあるかもしれない。しかし，それを目指すのがよいことかどうかは軽々には判断できない。親しい友人同士の間にだって，意見の相違はおこりう

るからである。意見の違いがあっても，互いに尊敬しあいながら議論で
きる関係性を構築するということが求められるのではないだろうか。

引用・参考文献

梅野正信，福田喜彦（編）『東アジアにおける法規範教育の構築』（風間書房，2020
　年）

長沼豊，大久保正弘（編）『社会を変える教育：英国のシティズンシップ教育とク
　リック・レポートから』（キーステージ21，2012年）

中島さおり『哲学する子どもたち：バカロレアの国フランスの教育事情』（河出書
　房新社，2016年）

ニスベット，リチャード『木を見る西洋人　森を見る東洋人』（ダイヤモンド社，
　2004年）

リップマン，マシュー『探求の共同体：考えるための教室』（玉川大学出版局，2014
　年）

リップマン，マシューほか『子どもための哲学授業：「学びの場」のつくりかた』（河
　出書房新社，2015年）

学習課題

1．西洋文明と東洋文明の違いについてまとめてみよう。

2．日本で実践されている「子どものための哲学」について調べてみよ
　う。

3．本章で取り上げられていないアジア圏の国々，たとえば，インドネ
　シアやマーレーシアなどの道徳教育について調べてみよう。

7 | 道徳性の発達と道徳教育

荒木寿友

《**目標＆ポイント**》 認知発達の側面から道徳性の発達論を概観し，道徳教育にどのように用いることが可能なのか検討する。また近年の道徳心理学において，道徳性がどのように捉えられているか概観する。
《**キーワード**》 道徳性の発達段階，役割取得，社会的視点取得，ピアジェ，コールバーグ，チュリエル，セルマン，ハイト

1. ピアジェによる道徳性の発達

　道徳性の発達研究はピアジェ（J. Piaget：1896-1980）により始まる。彼は人間が外界のさまざまな情報を捉え，それが何を表しているのか，どういう関係にあるのかについて把握する能力が発達するという認知発達論に基づき，子どもたちの道徳判断の質的な違いを見出した。彼の広く知られている研究の1つに，子どもたちが行為の意図をどのように認識しているかという研究がある。たとえば彼は以下のような問題を提示し，行為の結果として過失を生んだ場合，その動機や意図が異なれば，その行為はどのように判断されるのかについて研究を実施した（ピアジェ，1977）。

　ピアジェは「これらの子どもたちは同じように悪いことをしましたか？」「どちらの子どもがより悪いですか？」という問いを子どもに出した。この結果，ピアジェは10歳までの子どもには2つの答え方のパター

A　ジュールという小さな男か子がいました，お父さんが外出したので，お父さんのインク壺で遊ぼうと思いました。はじめはペンで遊んでいましたが，そのうちにテーブル掛けに少しインクをこぼして汚してしまいました。

B　オーギュストという小さな男の子がお父さんのインク壺が空になっているのを見つけました。ある日お父さんか外出した時，そのインク壺にインクを入れてお父さんが帰ってきた時喜ばせようと思いました。しかしインク壺を明けた時，テーブル掛けを大きく汚しました。

(ピアジェ，1977：146を一部改変)

ンがあることを発見した。その1つが「動機を離れて物質的結果によって判断」するパターンと，「動機のみを考えている」パターンである（ピアジェ，1977）。結果に焦点を当てる「客観的責任」が7歳頃，動機に焦点を当てる「主観的責任」が9歳頃に現れるという。つまり，過失そのものに焦点を当てるのが客観的責任であり，なぜその行為に至ったのかという行為の意図に焦点を当てるのが，主観的責任である。

　この研究の他にも，ピアジェは子どもが規則をどのように認識しているかということを明らかにするために「マーブルゲーム」（おはじきのようなゲーム）を用いた。その結果，子どもたちは規則が大人から伝えられた絶対的なものとみなす段階（拘束の道徳・他律の道徳）から，自分たちの協同作業の中でお互いの了解があれば規則を変更することが可能であるという段階（協同の道徳・自律の道徳）へと移行することを見出した（ピアジェ，1977）。

　「客観的責任」と「主観的責任」，ならびに「拘束の道徳・他律の道

徳」と「協同の道徳・自律の道徳」の関係をどのように捉えればいいのであろうか。ピアジェも述べているように，客観的責任は行為の結果の程度の大きさを道徳判断の基準にしているために，外在的な判断基準に依拠していることになる。また「大人によって課せられた規則は，子供のために，子供が適当に同化する前に，言語的に（盗むな，こわれ易い物を不注意に取り扱うな）あるいは物質的に（怒ったり，懲罰したりすること）どちらかにその型にはまった義務をつくり上げるもの」（ピアジェ，1977）であるため，最初の道徳判断の形式として現れてくるのである。

　これに対して，主観的責任は他者がどのように物事を進めようとしていたのかを判断の根拠に入れようとするという意味において自律的であるといえる。また道徳判断する際に他者性が含まれることになり，そこには協同して物事を進めていこうとする傾向，つまり協同の道徳が見受けられるのである。

　ピアジェの他律から自律への道徳判断の発達の背後には，認知構造の均衡化によってもたらされる認知能力の発達がある。子どもの思考の不均衡状態（問題を解決できない状態）が，自己調整によって均衡化されることが発達であり，それを目指すのが教育であるといえる。

2．コールバーグの道徳性発達理論

（1）道徳性とは何か

　このピアジェの道徳判断の発達は，自律へ到達するのを12歳頃と捉えていたが，その過程をより詳細に捉えたのがコールバーグ（L. Kohlberg：1927-1987）である。彼は以下のような「ハインツのジレンマ」を用いて，「なぜそのように考えるのか」という判断の根拠には三水準六段階の発達段階があることを見出した。

ある女性か病気で死にかかっているが，薬で治すこと
が可能である。しかしその薬は開発にかかった費用の
10倍の値段で売られていた。女性の夫であるハインツ
は女性を救うために，あらゆるところからお金をかり
たが，薬の値段の半額しか集まらなかった。そこで，
薬を安く売ってくれるか，あるいは残金は後で支払う
ことを，その薬を開発し販売している薬剤師に話した
が，売ってくれなかった。
そこでハインツは，妻を救うために薬を盗んだ。
ハインツの行為は正しいだろうか，間違っているだろ
うか。その理由は。

（永野重史（1985）を一部改変）

　発達段階について説明する前に，コールバーグ理論の核となる概念を
知っておく必要がある。それは「正義の原理」（principle of justice）と
「役割取得の原理」（principle of role-taking）である。
　コールバーグにとって正義とは，公平さ，公正さ，平等さを意味し，
正義に関する判断が道徳性であるとする。道徳性の発達段階の上昇は，
正義に基づいた道徳判断の「指令性」（prescriptivity），すなわち「～す
べし」といった形で命令される意味合いが増加し，「普遍化可能性」
（universalizability），つまり道徳判断が限定された場面だけではなく，
いついかなる場合であっても適応可能（普遍化可能）であることが増大
していくことと結び付いている（L. Kohlberg et al., 1983）。コールバー
グにとって道徳性とは，これら2つの特徴を有した正義に関する判断が
発達していくということである。
　役割取得とは，端的に示せば，他者の立場に立って物事を捉えること
であり，自分を他者に投影して物事を捉えることである。発達段階の上

昇は，役割取得する範囲が拡大すること，つまり二者関係で物事を捉えることが可能な段階，そして第三者を含んだ関係，社会からの視点といった形で役割取得する対象が拡大することと結び付いている。道徳性の発達段階は，「私」の要求だけではなく，他者の要求や権利をどれだけ多く認識し，その中で各人の要求を公平に裁定していく過程を表している。

（2）道徳性の発達段階

　では発達段階はどのように表されるのであろうか（表 7 - 1 参照）。前慣習的水準に位置付けられる第一段階は，「罰の回避と服従志向」の段階である。この段階の特徴は，権威者としての年長者（親や教師）が物事を判断する際の規準になっていることであり，「怒られるから，〜してはならない」あるいは「褒められるから，〜する」というのが判断の根拠になる。

　同じく前慣習的水準の第二段階は，「道具的互恵主義」の段階，つまり「〜してくれるなら〜してあげる」という二者関係での平等さ，公平さに基づいて判断する段階である。慣習としての道徳ではなく，限られた人間関係の範囲の中で道徳判断をするのがこれらの段階である。

　これに対して，慣習的水準に位置付く第三段階は，「よい子志向」の段階である。具体的な集団の中で望まれている役割や行動を加味して判断を行うという特徴がある。周囲の複数の人の期待を読み取ることで，それに応じた判断をすることが可能になってくる。

　第四段階は，法や社会システムといったより広い視点から判断を行うことができる段階であり，「法と社会秩序志向」の段階と呼ばれている。この段階になると，社会の秩序を保つための法や慣習の役割を認識することができるようになり，それが判断をする際の根拠となってくる。

　こういった慣習的な水準を超えて描かれるのが，脱慣習的な水準であ

表7-1 道徳性の発達段階（L. Kohlberg et al. 1983，荒木 2017を参照に筆者作成）

	段階	特徴	図式化すると
前慣習的水準	第一段階：罰の回避と服従志向	正しさの基準は外部（親や権力を持っている人）にあって，罰せられるか褒められるかが正しさを決定する。	
	第二段階：ギブアンドテイク道具的互恵主義志向	正しいこととは，自分の要求と他人の要求のバランスがとれていることであり，「〜してくれるなら，〜してあげる」といった互恵関係が成立すること。	
慣習的水準	第三段落：よい子志向	身近な人間関係の中で自分がどう見られているのか，どういう行動か期待されるのかが正しさの基準になる。つまりクラスやグループの中で期待される行動をとることか正しいことである。	
	第四段階：法と社会秩序志向	個人的な人間関係を離れ，社会生活の中で，あるいは法が治める中で，どのように生きていくか考えることができる。正しさの基準は，社会システムの規範に合致することである。	
脱慣習的水準	第五段階：社会的契約と法律的志向	社会システムの中で生きながら，かつ社会システムの矛盾を見出し，それを包括するような視点を提起できる。	
	第六段階：普遍的な道徳	正義（公平さ）という普遍的な原理に従うことが正しいことであり，人間としての権利と尊厳が平等に尊重されることが道徳原理となる。	

る第五段階と第六段階である。第五段階は法や社会システムをメタ的に捉えることが可能になり，社会の矛盾や問題点を解消すべく包括的なシステムを構築するような視点を有することができるようになる。

発達段階の最後の第六段階は「普遍的な道徳」として描かれている。ただしこの段階は形而上的に，理論的に設定されている意味合いが強く（究極的な理念としての道徳であり，道徳性発達段階の上昇が「よい」といえるための根拠としての道徳），この段階に評定された実際の人物は確認されていない（L. Kohlberg et al., 1983）。

先に取り上げたピアジェは，どちらかといえば前慣習的水準を中心とした研究であり，コールバーグは，その後の慣習的，脱慣習的水準を中心とした研究で，それらを精緻化して道徳性の発達理論を示したのである。

コールバーグらは道徳性を発達させる手段として「ジレンマ・ディスカッション」を用いたが，これについては第12章で詳述する。

（ 3 ） ギリガンによるケアと責任の発達の提唱

コールバーグ理論に対して異を唱えたのがギリガン（C. Gilligan：1936-）である。すでに述べたように，正義に基づく道徳判断の段階上昇は，徐々に公正な判断ができるようになる過程であり，判断の対象を客観化し自律的に判断が下せる自己として描かれている。これに対して，ギリガンは，ケア（care）の倫理を強調し，女性が道徳判断を下すにあたって中心的な役割を担っていると主張した（ギリガン，1986）。ギリガンは次のように述べる。「女性は，道徳的な問題を権利や規則の問題としてというよりむしろ，関係性におけるケアや責任の問題として構成する。このことは道徳性の概念を平等性や互恵性の論理と結びつけるのと同様に，責任や関係性の理解において女性の道徳的思考の発達が変化

することと結びついている」(ギリガン 1986：127-128)。ギリガンは，他者から独立していくような正義の道徳だけではなく関係性の中で具体的に道徳を捉え，具体的な他者に対する責任としての道徳もあると主張した。ただし，留意すべきは，男性は正義の道徳，女性はケアの道徳と，性別による分類を主張しているわけではないということである。

コールバーグはギリガンの批判に同意し，道徳的指向には正義の道徳だけではなく，ケアと責任の道徳があることを認めている (L. Kohlberg et al., 1983)。

3．チュリエルの社会領域理論

さて，先のコールバーグは道徳性の発達段階に慣習的な水準をおいていたが，チュリエル (E. Turiel：1938-) は社会的知識 (social knowledge) の観点から，道徳 (moral) と社会的慣習 (social conventional)，そして個人 (personal) という 3 つの領域があることを示し，「社会領域理論」(social domain theory) を主張した (Turiel, 1983) (表 7 - 2 参照)。

表 7 - 2　領域理論における社会的知識の分類 (Turiel 1983，首藤 1992 を参照に筆者作成)

	領域		
	道徳	慣習	個人
知識の基盤	正義や福祉や権利といった価値概念	社会システムに関する概念	自己概念，他者の思考・感情に関する理解
社会的文脈	行為に内在した情報（講義が他者の身体・福祉・権利に与える直接的な影響）	社会的関係を調整するための，恣意的ながらも意見の一致による行動上の一様性	行為が行為者自身に与える影響
具体的な行動事例	盗み，殺人，いじめ，詐欺（嘘）援助など	挨拶，呼称，生活習慣，テーブルマナー，校則，服装など	趣味，サークル活動，友人の選択など
理由づけカテゴリー	他者の福祉，公平・不公平，絶対に許されない行為，義務感，権利など	期待・規則，社会秩序，常識・習慣からの逸脱，無礼な行為など	自分自身の問題，規則の拒否，許容範囲の行為，規則存在の不公平など

　道徳の領域は，コールバーグと同様に正義の概念が基盤となっており，福祉や責任，権利といった価値概念によって構成されている。たとえば，人のものを盗んだり，危害を加えたりといった行為はおよそ世界中のどの地域であっても禁じられている。行為そのものが道徳的であるかどうかが，その行為の善悪を判断する根拠となっている。

　社会的慣習領域は，社会の制度やシステムに関する概念が判断の基盤となっており，所属する集団や社会，コミュニティによって異なってくることが考えられる。たとえば，日本の学校ではおなじみの「気をつけ」の体勢は腕を下にまっすぐ下げているが，ミャンマーでは腕を前で組むのが礼儀正しい行為とされているように，礼儀や社会的慣習などは文化によって異なる。

　個人領域は，個人の意志や行為が影響を与えるのが個人に限られている領域であり，自己の統制下に置かれる行為を指す。趣味としてのスポーツに何を選ぶかは個人に委ねられているし，友人として誰と付き合うかについても個人に委ねられている。

　とくに，社会的慣習領域の発達について，チュリエル（Turiel, 1983），ガイガーとチュリエル（Geiger & Turiel, 1983）は，慣習概念の受容と否定を行きつ戻りつしながら発達していくことを示している。コールバーグは，前慣習的な水準から慣習的な水準への連続性を示したが，ガイガーらは子どもたちが慣習を受容し，それを後に否定し，さらにより広い観点から受け入れ，さらにそれを否定するという7つの水準があることを示した。そうであるならば，社会的慣習を単に守らなければならないものとして子どもに提示するだけではなく，より広い観点から慣習概念に考察を加えていくような道徳教育が求められる。

　一方で，スメタナ（J. G. Smetana）は，3歳〜4歳の子どもであっても「ある子どもが他の子を叩く」「おもちゃを貸さない」といった道徳

領域の問題と，「おやつの前にいただきますを言わない」「おもちゃを元あった場所に戻さない」という社会的慣習領域の問題をある程度区別し，道徳領域を侵すことがより悪いことであると認識できることを示している（Smetana, 1981）。十分に言語化する力を持っていない未就学の子どもたちが，直観的にこのような判断を下していたとするならば，学校教育においては，なぜそのように考えるのかという理由について，次第に包括的に捉えられるような取り組みをしていく必要があるだろう。

　さて，このように社会領域理論では，社会的知識の観点から通常「道徳」として語られていたものを分類した。この分類に基づいて日本の道徳教育，特に道徳科の内容項目に目を向けてみると，たとえばCの「公正，公平，社会正義」やDの「生命の尊重」は道徳領域に位置付けられるのに対して，Aの「節度，節制」やBの「礼儀」は社会的慣習領域に位置づけられるかもしれない。もちろん，チュリエルも言うように，領域が混合することも十分にありえるが（Turiel, 1983, 1989），内容項目で示されている道徳的価値がどういった社会的知識を表しているのか再考し，それぞれの発達に基づいて捉え直すことも可能であろう。

4．道徳教育への応用

（1）セルマンの社会的視点取得の発達

　コールバーグ理論は役割取得の原理が核となっていることはすでに述べたが，この役割取得能力を「社会的視点取得」（social perspective taking）という用語で精緻化し，その育成を図る道徳教育がある。それはセルマン（R. L. Selman : 1942-）による社会的視点取得の発達理論（Selman, 1976, 1980）と，「愛と自由の声」（Voices of Love and Freedom：以下 VLF）という教育プログラムである（渡辺，2001）。セルマンは社会的視点取得能力が対人間の葛藤を解決するための基盤となると捉えて

おり，視点取得能力の向上と対人理解育成を促す人格教育プログラムを考案した。

　セルマンは「自己と他者の視点の関係性を理解する子どもの構造の質的な変化」（Selman, 1976, 301）に焦点を当て，人間の視点が相互にどのように関連し，調整し合っているのかについての発達的理解を理論化した（Selman, 1980）。セルマンは社会的視点取得の発達をレベル0から4までの5つのレベルで表している（表7‐3参照）。

　レベル0では，自分と他人は存在としては異なっていることは理解できているが，自分と他人の視点を明確に分けて考えることができず，「自分が好きなものは他人も好き」という考え方をするのが特徴である。そ

表7‐3　社会的視点取得の発達段階（Selman 1980，渡辺 2001参照）

レベル0	未分化で自己中心的視点収得（3～6歳）
	人の体格的，心理的特徴を区別することが難しく，また自分と他者の視点を区別することが難しい。
レベル1	分化　主観的視点取得（5～9歳）
	人の体と心を分けることができ，自分の視点と他者の視点を区別して理解する。しかし同時に関連づけることが難しい。また他者の意図と行動を区別して考えられるようになり，行動が故意であったかどうかを考慮するようになる。「贈り物は人を幸せにする」といった一方向の観点から捉えたり，身体的なものに限られるが「叩かれたら叩き返す」といった双方向のやり取りもある。
レベル2	自己省察／二人称互恵的視点収得（7～12歳）
	他者との視点から自分の思考や行動について省察できる。また，他者もそうすることができることを理解する。外からみえる自分と自分だけが知る現実の自分という2つが存在することを理解するようになる。したがって，人と人とがかかわるときに他者の省察を正しく理解することの限界を認識できるようになる。
レベル3	三人称的で相互の視点取得（10～15歳）
	自分と他者の視点以外，第三者の視点をとることができるようになる。「観察する自我」（observing ego）といった概念が生まれていく。したがって，自分と他者の視点や相互作用を第三者の立場から互いに調整し考慮できるようになる。
レベル4	深く社会的記号論的な(一般化された他者としての)視点収得(12歳～大人)
	多様な視点が存在する状況で自分自身の視点を理解する。人の心の無意識の世界を理解し，主観的な観点をとらえるようになり，「言わなくても明らかな」といった深いところで共有される意味を認識する。

れゆえに，他人が自分とは異なった見方をしていることを理解するのは困難な段階である。

レベル1では，他者の考えや気持ちが自分とは異なっていることを理解できるようになる。しかし他者の立場に立って考えることはまだ難しく，自分の主観的な，あるいは外的な要因から他者の考えや気持ちを推察する。

レベル2は，省察（reflective）という言葉がキーワードになる。つまり，他者の視点から自分自身を見つめることが可能になると同時に，他人のことは本当のところはわからないという認識を持つようになる。

レベル3は，私とあなたという関係だけではなく，それを見ている第三者の視点から物事を捉えることが可能になる。それゆえに，自分は他者からどう見られているのかということを踏まえて，物事を考えることが可能になる。

そして最後のレベル4では，集団やより広い社会全体の視点から物事を捉えることができるようになる。一般化された他者（generalized others）という視点によって，社会システムが機能していることを理解できるのである。

（2）VLF プログラム

セルマンはこの社会的視点取得能力の発達に基づいて，VLF プログラムを1995年よりボストンの幼稚園や小学校で実施しており，日本では渡辺によって実践されている（渡辺，2001）。VLF における愛（Love）とは，他者への共感や思いやりといった情動的側面を表しており，自由（Freedom）はコールバーグ理論における自律的な発達，自己決定への要求を表している。そして，子どもたちの声（Voice），つまり子ども自身が主体的な意思を有する存在であることを保障する中で，愛と自由の

統合的な発達を促していくのである（大西，1999）。

　VLF は，一般的に以下の 4 つの手順とホームワークに基づいて行われる（渡辺，2001）。

ステップ 1 ―結びつき

　教師が個人的な体験，とくに子どもが身近に感じるような対人関係の葛藤を含む体験を話すことで，語る者と語られる者の信頼関係を築く。教師の体験談は，子どもが自分の話を他人に話す場合のモデルになり，子どもが自分の話を他者に話す際に役に立つ。

ステップ 2 ―話し合い

　物語（絵本など）を読み，途中で対人関係の葛藤状況で立ち止まり，登場人物の気持ちや立場などを推測し，ワークシートに記入する。それについてペアインタビューを行う。物語は登場人物の立場を疑似体験できるような感情移入のやさしいものを選ぶ。

ステップ 3 ―実践

　葛藤場面を解決するための行動を子どもに考えさせたり，実際にロールプレイさせたりすることによって，多様な視点を体験させる。基本的にペアで実施する。

ステップ 4 ―表現

　書く，あるいは描くという表現活動を通して，自分の内的な思いを外在化することが目的である。子どもの発達段階に応じて，日記（自己に焦点化）や手紙（二者関係），物語の続き（第三者の視点）を選択する。

ステップ 5 ―ホームワーク

　毎回ではないが，家での作業を課し，家の人に協力してもらう。学校での道徳の学びを家庭などでも実践できるようにするためである。

　セルマンが開発したアメリカ版 VLF は，読み書き能力の向上や暴力やドラッグの予防といった目標が組み込まれているが，渡辺が日本で展

開しているものは，より社会的視点取得の向上に焦点を当てており，自己の視点を表現することや他者の視点を理解すること，自他の違いを認識し，葛藤を解決できるようにするといった目標設定がなされている。

5．近年の道徳性研究

ピアジェやコールバーグなどは道徳的判断（なぜそのように考えるのか）を発達させるための理論構築を行ってきたが，これとは異なる研究が最近の主流となっている。ハイト（J. Haidt）はまず直観的に判断を下した後に，後付けで判断の理由付けを考えるという「社会的直観モデル」を主張している（ハイト，2014）。彼は「道徳基盤理論」（moral foundation theory）を提示し，私たちは6つ程度の道徳基盤から直観的に物

表7-4 道徳基盤理論（Haidt（2014）の表，並びに第8章の〈自由／抑圧〉の記述をもとに筆者作成）

	ケア／危害	公正／欺瞞	忠誠／裏切り	権威／転覆	神聖／堕落	自由／抑圧
適応課題	子どもを保護しケアする	双方向の協力関係の恩恵を得る	結束力の強い連合体を形成する	階層性のもとで有益な関係を築くこと	汚染を避けること	支配や抑圧を避けること
オリジナル・トリガー	苦痛，苦境，自分の子どものニーズ	欺瞞，協力，詐欺	グループに対する脅威や挑戦	支配と服従の兆候	廃棄物，病人	暴君，専制
カレント・トリガー	赤ちゃんアザラシ，かわいらしい漫画キャラクター	配偶者への貞節，故障した自動販売機	スポーツチーム，国家	ボス，尊敬を集めるプロ	タブー視されている考え（共産主義，人種差別）	不法な制限，自由の制約，政府の干渉
特徴的な情動	思いやり	怒り，感謝，罪悪感	グループの誇り，裏切り者への怒り	尊敬，恐れ	嫌悪	抵抗，怒り
関連する美徳	ケアすること，親切	公正，正義，信頼性	忠誠，愛国心，自己犠牲	従順，敬意	節制，貞節，敬虔，清廉さ	自由，平等

事を判断し，それに合致するような思考をするという（表7‐4参照）。ハイトの主張に基づけば，コールバーグらの「なぜそのように考えるのか」という思考以前に直観的な選択が行われており（さらにいえば，コールバーグらはケアと公正にしか言及していなかった），その直観に論理的整合性や正当性を持たせるために思考が働いていることになる。つまり，道徳判断における情動の役割を重視しているといえよう。

　表で示されている 6 つの基盤は，ハイトによれば生得的に組織されているものであり，人生経験の中でいずれかの基盤を重視するかが変化するという。つまり，ケアや公正，自由を直観的に選んだ上で判断する人もいれば，忠誠や権威に基づいた判断をする人もいるということである。この理論に依拠するならば，個人間や集団間の信念の対立は，道徳基盤の中のどれを重視した判断を行っているかということに繋がる。現実の社会において他者理解，異文化理解，あるいは多文化共生を進めていく際には非常に有用な視点であると考えられるが，ハイト自身は教育への応用や発達については論じていないため，今後の研究の発展が望まれる。

引用・参考文献

荒木寿友『ゼロから学べる道徳科授業づくり』(明治図書，2017年)

大西文行「道徳教育と発達心理学」木原孝博，大西文行『道徳教育』(放送大学教育振興会，1999年)

C.ギリガン著，岩男寿美子監訳『もう一つの声：男女の道徳観のちがいと女性のアイデンティティ』(川島書店，1986年) (C. Gilligan, *In a Different Voice: Psychological Theory and Women's Development*, Harvard University Press, 1982)

首藤敏元「領域特殊理論チュリエル」日本道徳性心理学研究会編著『道徳性心理学：道徳教育のための心理学』(北大路書房，1992年)

J.ハイト著，高橋洋訳『社会はなぜ左と右にわかれるのか：対立を超えるための道徳心理学』(紀伊國屋書店，2014年)

J.ピアジェ著，大伴茂訳『臨床児童心理学Ⅲ 児童道徳判断の発達』(同文書院，1977年)

渡辺弥生編集『VLF によるおもいやり育成プログラム』(図書文化，2001年)

K. M. Geiger & E. Turiel, "Disruptive school behavior and concepts of social convention in early adolescence", in *Journal of educational psychology*, American Psychological Association, 75(5), 677-685, Willams & Wilkins, 1983

L. Kohlberg, "From Is to Ought : How to Commit the Naturalistic Fallacy and Get Away with it in the Study of Moral Development," in *The Philosophy of Moral Development, vol. I of Essays on Moral Development*, San Francisco: Harper and Row, 1981 (永野重史編『道徳性の発達と教育：コールバーグ理論の展開』新曜社，1985年)

L. Kohlberg, C. Levine, A. Hewer, *Moral Stages: A Current Formulation and a Response to Critics*, Basel; New York: Karger, 1983 (L.コールバーグ，C.レバイン，A.ヒューアー著，片瀬一男，高橋征二訳『道徳性の発達段階：コールバーグ理論をめぐる論争への回答』新曜社，1992年)

R. L. Selman, "Social cognitive understanding", In T. Lickona (Ed.), *Moral development and behavior: Theory, Research and Social Issues*. 299-316. Holt McDougal, 1976

R. L. Selman, *The growth od interpersonal understanding : Developmental and clinical analysis*, Academic press, 1980

J. G. Smetana, Preschool children's conceptions of moral and social rules, *Child Development*, 52(4), 1333-1336, 1981

E. Turiel, *The development of social knowledge: Morality and convention*, Cambridge University Press, 1983

E. Turiel, "Domain-specific social judgments and domain ambiguities", in *Merrill-Palmer Quarterly*, 35(1), 89-114, 1989

学習課題

1．コールバーグの道徳性の発達段階とセルマンの社会的視点取得の発達段階を比べて，どのような対応関係にあるか考察してみよう。

2．学習指導要領の道徳科の内容項目を，社会領域理論の「道徳」「社会的慣習」「自己」の3つの領域に基づいて分類してみよう。

3．VLF プログラムの中で用いることができそうな絵本や物語を探し，VLF プログラムを考えてみよう。

8 | 道徳教育と宗教

貝塚茂樹

《**目標＆ポイント**》　教育基本法第15条第1項は，「宗教に関する寛容の態度，宗教に関する一般的な教養及び宗教の社会生活における地位は，教育上尊重されなければならない」と規定し，教育における宗教教育の役割を明記している。しかし，戦後日本の教育では，教育と宗教の関係を論じることには消極的であった。そのため，宗教教育に関する検討が十分に深められているとはいえない。本章は，宗教教育の歴史を整理しながら，今後の道徳教育における宗教教育の可能性と課題について考える。

《**キーワード**》　宗教教育，宗教的情操，政教分離，「生命に対する畏敬の念」，「期待される人間像」，宗教文化教育，宗教リテラシー教育

1．教育と宗教との関係

（1）学校における宗教教育

　教育基本法第15条は，宗教教育について次のように規定している。

> 第15条　宗教に関する寛容の態度，宗教に関する一般的な教養及び宗教の社会生活における地位は，教育上尊重されなければならない。
> 　2　国及び地方公共団体が設置する学校は，特定の宗教のための宗教教育その他宗教的活動をしてはならない。

　一般に宗教教育は，①宗派教育，②宗教的情操教育，③宗教知識教育，

の３つに分類される。日本国憲法や教育基本法の規定を踏まえると，①宗派教育は，私立学校では認められるが，政教分離の規定から，国・公立学校では認められていない。②宗教的情操教育については，その解釈を巡って様々な議論があり，国・公立学校で認められるかどうかは見解が分かれるが，私立学校では認められる，というのが教育行政の基本的な立場である。③宗教知識教育は，国・公立学校，私立学校を問わずすべての学校での教育が認められている。

　ただし，学校での宗教の扱いは総じて消極的であり，歴史や国語や芸術で宗教文化の一端には触れても，宗教の歴史，思想にまで踏み込む授業はほとんど行われていないのが実態である。

　また，「特別の教科　道徳」（以下，道徳科と略）の内容項目「人間の力を超えたものに対する畏敬の念を深めること」（中学校）は，「美しいものや気高いものに感動する心を持ち，人間の力を超えたもの」や「畏敬」が宗教と深く関係すると考えられる。しかし，特に国・公立学校の道徳科の授業では宗教に結び付いた教材の開発や実践はほとんど行われていない。

（2）人間存在と宗教

　戦後日本の教育において宗教が軽視された背景には，宗教の定義が必ずしも明確ではないことが挙げられる。そもそも宗教は，時代や地域によって様々な教義と形態が表出している。したがって，あらゆる宗教に普遍的な定義や共通の特質を導き出すことは極めて困難である。

　もっとも，このことは，人間にとっての宗教の意味と役割を軽視するものではない。なぜなら，特定の宗教への信仰を持つ人にとっても，あるいは，宗教を信じない人にとっても，宗教が人類の歴史や人間の生活に大きな影響を与えてきたという歴史的な事実は否定できないからである。

　いうまでもなく，人間は有限で不完全な存在である。しかし，この有限にして不完全な存在であるという事実に満足できないのも人間の本質といえる。また，有限なる存在でありながら無限の欲望を持ち，不完全な存在であるがゆえに絶対的な理想を求めるというのも人間のありようである。そこに人間存在が宿命的に直面する苦悩と矛盾があるということもできる。

　こうした人間存在の苦悩と矛盾は，必ずしも合理的な思考や数理的な科学によって満足な解決と救いが得られるとはいえない。人間の現実的な矛盾や苦悩を自覚させ，永遠の理想によって人間の精神生活を豊かにする方途を示してきた文化的な機能の1つが宗教である。

　たとえば，一般に教育は，「いかに生きるか」を課題とするのに対して，宗教は「いかに死ぬか」を問う志向性を持つものと考えられる。その点では，両者の志向性は重なることなく，むしろ相反するように見える。しかし，「いかに生きるか」という課題の追究は，「いかに死ぬか」という課題と連続している。なぜなら，人間にとって「死ぬこと」が避けられない以上，「死ぬこと」を前提として生きなければならないからである。したがって，「いかに生きるか」は「いかに死ぬか」と対立する課題ではなく，いわば両者は，表裏の関係であると同時に補完的な関係でもあると考えることができる。

　教育の目的は，「人格の完成」を目指すことにある（教育基本法第1条）。「人格の完成」という目的は，「いかに生きるか」という課題と「いかに死ぬか」という課題の追究と密接に関わる。それは，「人格の完成」という目的を実現するためには，教育における宗教の機能と役割を視野に入れることが不可欠であることを意味している。

　人間存在における有限の意味を正しく理解することを基盤とすることで，私たちは，教育の目的に到達することが可能となる。その意味で宗

教教育とは，人類が長い時間をかけて形成してきた様々な宗教の伝統的な考え方，そして宗教を取り巻く諸問題を学ぶことで，子どもたちが自らの人生の意義を考えること，またその考え方を学ぶことを助ける教育の形態といえる。

2. 戦後の宗教教育と宗教的情操

（1）第二次世界大戦までの教育と宗教

　近世（江戸時代）まで日本では教育と宗教の関係は密接であり，とくに仏教が教育に果たした役割は大きかった。しかし，1872（明治 5 ）年の「学制」では，教育と宗教を分離する政策が採用され，宗教は教育から排除された。また，明治政府は，1899（明治32）年に「一般ノ教育ヲシテ宗教ノ外ニ特立セシムルハ学政上必要トス依テ官公立学校及学科課程ニ関シ法令ノ規定アル学校ニ於テハ課程外タリトモ宗教上ノ教育ヲ施シ又ハ宗教上ノ儀式ヲ行フコトヲ許ササルヘシ」とする訓令（「文部省訓令第12号」）を出すことで，教育と宗教を分離する政策の徹底を図った。「文部省訓令第12号」によって，学校では宗教教育や宗教行事を行うことが禁じられたのである。

　しかし，教育から宗教的な要素を取り除くことは，かえって教育の機能を妨げるという指摘も次第に強くなっていった。とくに，大正期には私立学校を中心に様々な宗教教育の実践が行われた。文部省（現在の文部科学省）は，1935（昭和10）年に「宗教的情操の涵養に関する件」を通牒し，宗教的情操の涵養は，「文部省訓令第12号」によって禁止されている「宗教上の教育ないし宗教上の儀式」には含まれないという公式見解を示した。これによって，一宗一派の教義に基づく宗教教育は禁止すべきであるとしながらも，特定の宗派の教義に依拠することなく，どの宗教にも共通する宗教的情操は否定されるべきではないとされた。

　宗教的情操教育への注目は，教育における宗教教育の可能性を示した
ものであった。ところが，教育が総力戦体制に組み込まれて行く中で，
「宗教的情操の涵養に関する件」の本来の趣旨は後退し，その内容は，戦
勝祈願のための神社参拝を正当化し，教科書や学校儀式の中に神道的な
内容を組み込むための根拠として機能していった。戦後教育において宗
教が軽視された背景には，宗教の定義に関わる困難さとともに，宗教（と
くに，国家神道）が教育に介入したことへの反省と拒否感があったとい
える（井上：1998）。

（2）戦後教育改革と政教分離

　第二次世界大戦後の1945（昭和20）年12月15日，連合国軍最高司令官
総司令部（GHQ／SCAP）は「国家神道，神社神道ニ対スル政府ノ保証，
支援，保全，監督並ニ弘布ノ廃止ニ関スル件」を公布した。「神道指令」
といわれるこの指令は，「宗教ヲ国家ヨリ分離」し「宗教ヲ政治的目的
ニ誤用スルコトヲ防止」することを目的とし，「国家神道」を古来の宗
教の要素と超国家主義及び軍国主義的なイデオロギーからなるものと定
義した上で，「国家神道」の禁止を求めた。

　また，日本国憲法第20条は，次のように規定し，国民の「信教の自由」
を認める一方，国家と宗教との厳格な政教分離を明記した。

1　信教の自由は，何人に対してもこれを保障する。いかなる宗教団体も，
　国から特権を受け，又は政治上の権力を行使してはならない。
2　何人も，宗教上の行為，祝典，儀式又は行事に参加することを強制さ
　れない。
3　国及びその機関は，<u>宗教教育その他いかなる宗教的活動もしてはなら
　ない</u>。
　　　　　　　　　　　　　　　　　　　　　　　　（下線部は筆者による）

　一般に，日本国憲法が規定する宗教教育とは，教育基本法が規定する
「特定の宗教のための宗教教育」と解釈される。「特定の宗教のための宗
教教育」は教育において禁止されるが，逆にいえば，「特定の宗教のた
めではない宗教教育」は可能であるという解釈も成り立つことになる。
そして，「特定の宗教のためではない宗教教育」として改めて注目され
たのが宗教的情操であった。

　実際，敗戦直後の教育改革において，宗教的情操への関心は決して低
いものではなかった。1946（昭和21）年 9 月15日に文部省が出した「新
日本建設ノ教育方針」は，戦後日本の理念として「国民ノ宗教的情操ヲ
涵養」することを掲げた。また，文部省がまとめた『教育基本法の解説』
では，宗教教育を「広い意味では宗教に関する知識を与え，宗教的情操
を養い，もって人間の宗教心を開発し，人格の完成を期する教育であ
る」[1]と規定した。しかし，宗教的情操の意義が強調される一方で，宗
教的情操の定義及びそれが具体的に何を意味するのかという内容につい
ては明確ではなかった。

（3）「期待される人間像」と学習指導要領

　戦後日本の教育では，宗教的情操をどのように定義するかについての
議論は錯綜した。議論は，特定の宗教に基づかなくても宗教的情操は可
能であるとする意見と，宗教的情操は，特定の宗教への信仰に基づかな
ければ不可能であるとの意見が激しく対立した（貝塚：2010）。

　こうした議論を経て，宗教的情操についての定義を明確に示したのが，
1966（昭和41）年10月31日の中央教育審議会答申（別記）「期待される
人間像」である。答申は，宗教的情操を次のように定義した。

---

1)　文部省調査局審議課内教育法令研究会『教育基本法の解説』（国立書院，1947
　年）120～121頁。

　すべての宗教的情操は，生命の根源に対する畏敬の念に由来する。われ
われはみずから自己の生命をうんだのではない。われわれの生命の根源に
は父母の生命があり，民族の生命があり，人類の生命がある。ここにいう
生命とは，もとより単に肉体的な生命だけをさすのではない。われわれに
は精神的な生命がある。このような<u>生命の根源すなわち聖なるものに対す
る畏敬の念が真の宗教的情操</u>であり，人間の尊厳と愛もそれに基づき，深
い感謝の念もそこからわき，真の幸福もそれに基づく。

（下線は筆者による）

　「生命の根源すなわち聖なるものに対する畏敬の念」が宗教的情操で
あるとする「期待される人間像」の定義は，その後の学習指導要領の内
容にも影響を及ぼしていった。たとえば，1968（昭和43）年改訂の小学
校学習指導要領「第三章　道徳」では，「生命を尊び，健康を増進し，安
全の保持に努める」「美しいものや崇高なものを尊び，清らかな心をも
つ」ことが内容として示された。

（4）「心のノート」とスピリチュアリティ

　「生命への畏敬の念」を「人間尊重の精神」に直接結び付ける指導方
針は，「期待される人間像」以後の学習指導要領や2002（平成14）年度
から全国の小・中学生に配布された「心のノート」の内容にも継承され
た。なかでも「心のノート」では，とくに，生命への有限性，偶然性，
連続性を基軸とした「いのち観」が提示された。
　たとえば，宗教学者の弓山達也は，具体的に①生命は自分のものであ
るが，「与えられた」という意味で自分だけのものではないという「与
えられたいのち」観，②人間の生命は宇宙や自然を超えた「大いなるも

の」に通じるという「通じ合ういのち観」，③生命は，輝かせることが使命であり目的であるという「輝くいのち」観の3つの性格を有していると指摘した（弓山：2009）。しかし，「心のノート」が提示した「いのち観」においては，宗教には言及されておらず，いわば宗教を経由することなく，自分の先祖や「大いなるもの」や「人間の力を超えたもの」に思いを馳せる心情を養うことが期待されている。「心のノート」の立場は，「永遠絶対的なもの」や「聖なるもの」といった宗教的な存在を前提とするものではなく，「畏敬の念」の対象は，「自然」や「美」に向けられている。また，「生命の尊重」は，具体的な人間や動植物の生命を大切にするという点に焦点が合わされたものであった。

　「心のノート」に見られるこうした「いのち観」や「生命の尊重」の捉え方は，2006（平成18）年に改正された教育基本法第2条第4号の「生命を尊び，自然を大切にし，環境の保全に寄与する態度を養う」及び学校教育法第21条第2号の「生命及び自然を尊重する精神並びに環境の保全に寄与する態度を養う」といった規定とも連続するものであった。これらを受けて，2008（平成20）年告示の中学校学習指導要領では「主として自然や崇高なものとのかかわりに関すること」の中で次のような内容が示された[2]。

---

①生命の尊さを理解し，かけがえのない自他の生命を尊重する。

②自然を愛護し，美しいものに感動する豊かな心をもち，人間の力を超えたものに対する畏敬の念を深める。

③人間には弱さや醜さを克服する強さや気高さがあることを信じて，人間として生きることに喜びを見いだすように努める。

---

[2]　ただし，厳密にいえば，学習指導要領の表現では，「期待される人間像」の「聖なるもの」という表現が削られると共に，「畏敬の念」の対象は「人間の力を超えたもの」などに置き換えられ，「生命」に関しては，それを「尊重する」という表現へと変えられている。この点で両者の捉え方には違いがあり，学習指導要領では，「宗教」の意味が薄められているという指摘もある（岩田文昭「道徳教育における〈宗教性〉」（国際宗教研究所『現代宗教2007　宗教教育の地平』，2007年））。

　ここでは，「人間の力を超えたものに対する畏敬の念」の内容は宗教には直接に結び付けられてはおらず，「生命の尊さ」は，一般的な宗教の教義に結び付くものとはされていない。そのため，たとえば「心のノート」に示された「大いなるもの」「生命の根源からの導き」「人間の力を超えたもの」「目に見えない神秘」という宗教を意識させる言葉は，宗教に焦点化されていないために具体性を欠いたものとなってしまうという指摘もある（カール・ベッカー，弓山：2009）。

　こうした指摘は，昨今のスピリチュアリティ[3]の問題とも密接に関わる。櫻井義秀は，「心のノート」の基調は，自分の心のありように重点がおかれ，具体的な友人や親，先生，近所のおじさん・おばさんよりも，他者としての「あなた」であり，現実社会や国土というよりも「地球」であると述べる。そして，「このような感覚は，宗教伝統をふまえた『聖なるもの』にはやや距離を置きつつも，『かけがえのないもの』という感性にうったえるいまはやりのスピリチュアリティに近い」（櫻井：2009）と指摘する。

　実際に，道徳の読み物資料では，「この見える世界の向こうに，人智をはるかに超えたすばらしい働き，私たち人間よりもはるかに大きく，こわく，おそろしい，けれども愛と慈悲に満ちた不可思議な力が働いていて，それと私たち人間とは心の深いところでつながっている」というスピリチュアルな感覚が「畏敬の念」と結び付けられる傾向も認められる（諸富：2007）。

　こうした傾向に対して，伝統的に宗教が問題としてきたような事柄をまったく扱わないで，「人生」「死生観」といったテーマに踏み込めるのか，という指摘もなされている。これは，生と死に関する根本的な課題

3)　櫻井は，「スピリチュアリティ」の概念について，「従来の宗教制度や宗教組織，崇拝対象を固定化した信仰概念では掌握しかねる現代人の心的態度を理解するために使われる概念である。（中略）社会の個人化に合わせて宗教的共同性を重たく感じるようになった現代人が，個人の尊厳を認め合う緩やかなネットワーク。これが現代のスピリチュアリティである」（櫻井：2000）と説明している。

に何らかの答えを提供してきたのが宗教であり，宗教に言及しない道徳教育の状況は，逆に現世主義や世俗主義の人生観や死生観を受け入れることを強いることになるのではないかという批判として提示される（林：2009）。

3．宗教教育の動向と道徳教育

（1）対宗教安全教育と宗教的寛容教育

　グローバル化が進行する現代社会では，様々な宗教や文化的背景を持った人々と接触する機会が増えることになる。そのため，異なる宗教的信仰や文化を持つ諸外国の人々を理解することは国際理解の観点からも不可欠である。グローバル化された社会では，地政学的・文化的要因から世界の動きを捉える必要があり，世界の諸宗教における宗教制度と政治，文化システムとして宗教を理解することが求められる。

　一方，個人化と分断が進む社会では，共同性の回復を図るとする反グローバリズム（宗教原理主義，宗教的過激主義，カルト運動等）が発生し，社会の規範やシステムと鋭く対立する場面も増加している。

　なかでも，宗教問題として無視できないのは，いわゆる「カルト」（これは英語圏での用語であり，フランス語圏では「セクト」，ドイツ語圏では「デクテ」と呼ばれる）の台頭という世界的な潮流である。「カルト」は，1978（昭和53）年の人民寺院による900人以上に及ぶ集団自殺などを契機として，社会の常識から逸脱する反社会的運動に対して広く用いられるようになった。近年では，「危険な新興の宗教運動」という意味に近くなっており，暴力的な傾向が顕著なものは，「破壊的カルト」と呼ばれる[4]。

　「カルト」に対する諸外国の危機感は強い。たとえばフランスでは，

---

4)　「カルト」集団は，その全てが宗教集団というわけではない。この中には「健康カルト」，「自己啓発セミナー」などの，いわゆる世俗カルトも含まれる。ただし，税制上や法制上の優遇措置を受けることを目的として宗教団体を名乗るものが多く，一般に「カルト」が宗教を想起させるのはそのためである。

1995年12月, フランス国民会議下院の特別委員会が「ギュイヤール報告書」を提出している。ここでは「セクト」の判断基準として, ①精神の不安定化, ②法外な金銭の要求, ③育った環境からの誘導的遮断, ④健康な肉体への危害, ⑤子どもの強制的な入信, ⑥社会に敵対する説教, ⑦公共の秩序を乱す行い, ⑧訴訟問題の多いこと, ⑨伝統的な経済流通システムからの逸脱, ⑩国家権力への進入意欲, といった10項目を掲げ, セクトと認定できる団体の名前を挙げている。「カルト」対策教育は, ベルギー, ドイツ, アメリカなどの学校教育でも進められており, 「カルト」対策ビデオによる啓蒙教育や校長研修が政府主導の下で義務付けられているところもある。

　こうした諸外国の「カルト」対策の動向に比べれば, 日本のカルトに対する関心と危機感は決して高くない。1995 (平成7) 年のオウム真理教による「地下鉄サリン事件」が, 社会の大きな関心を集めたが, このことが学校教育での宗教の扱いに変化を及ぼしたとはいえない。前述したように, 一般に宗教教育は, ①宗派教育, ②宗教知識教育, ③宗教的情操教育, の3つがあるとされてきた。しかし, 諸外国の動向を踏まえれば, 今後は対宗教安全教育 (対カルト教育) に関心を向ける必要がある。

　また, グローバル化と多文化主義に基づいた多文化社会が進展する中で, 特定の宗教を絶対視して他の宗教を拒否したり, 排除したりする閉鎖的な宗教教育は適切ではない。多様性のある社会を前提とした宗教的寛容教育 (他宗教への理解教育や無宗教な人々の立場を認めようとする宗教的寛容) の視点も重要となってくる。

　歴史的な経緯や法制的な観点を背景として, 日本では宗教的情操教育が議論の中心となってきた。しかし, 「期待される人間像」で宗教的情操の定義が示されて以降も教育と宗教に関わる課題の検討が進展したわ

けではない。その一方で，世界ではすでに対宗教安全教育（「カルト」対策教育）や宗教的寛容教育を視野に入れた研究が進められている。なかでも，これまでキリスト教に基づいて宗教教育が行われてきたイギリスでは，社会の多文化的な動向に対応して，1988年の教育改革以降は，キリスト教以外の宗教にも対象を広げ，宗教間の寛容と相互理解を促進するような宗教教育を必修としている（宮崎：2016）。

（2）宗教文化教育としての「宗教リテラシー教育」

　宗教に関する基本的な知識や相違を文化として捉えようとする宗教文化教育は，「宗教リテラシー教育」（宗教情報教育）への関心を喚起している。「宗教リテラシー教育」は，概念としても多様な内容を含んでいるが，一般には，宗教に関する情報を認識し，判断するという意味として理解される。もともと「宗教リテラシー教育」は「カルト」対策としての視点を持つものであり，「正しい」宗教と「カルト」を見分ける資質・能力を育成することを目的としている。

　一般に，宗教に対する十分な知識を持たない人は，宗教を怪しいものとして感覚的に拒否する傾向があり，たやすく「カルト」に依存する傾向があると指摘される。そのため，宗教に関する正確な情報を身に付け，批判的な観点から認識・判断する資質・能力を育成するという意味での「宗教リテラシー教育」は，今後の大きな研究課題の視点といえる。同時にそれは，宗教的情操に偏りがちな日本の議論に新たな視点を提供する可能性を持つものとしても注目される。

　宗教を正しく理解することが自分自身のあり方生き方を確認することにつながるとすれば，「宗教リテラシー教育」は単なる「カルト」対策という点のみに限定されるべきではなく，広く宗教教育全体の内容に関わる視点として捉える必要がある。

　「宗教リテラシー教育」の内容を考えるにあたっては，たとえば，「昭和22年版学習指導要領　社会科編（Ⅱ）（試案）」に例示された内容が参考になる。ここでは，「宗教が各国民に共通に経験されるということを理解すること」「日本における宗教の種類について理解すること」「世界の宗教について，その種類と教理の一般とその重点とを理解すること」「社会生活の一部面と考えられる宗教の歴史的発展について理解すること」をはじめとして，次のような内容が挙げられている。

・神社・寺院・教会その他の宗教団体が行う社会的な仕事に対する理解を深めること。
・家庭及び社会における宗教教育が一般の社会生活にどんな影響を与えるかを認識すること。
・宗教が集団の連帯性を発展させるのに，いかに大きな影響力を持っているかということを認識すること。
・宗教文化が社会生活を豊かにしてきたことを認識すること。
・科学精神の発展や社会の進歩に伴って宗教がいかに洗練され変化しつつあるかを理解すること。
・宗教が個人の価値を確立するのに貢献していることを認識すること。
・信教の自由の必要とそのために過去の人々がいかに戦って来たかを認識すること。
・他の人々の宗教を尊重すると共に自分の信仰によって，社会生活に障壁を築くことのないような寛容な態度を養うこと。

　以上の内容は，宗教を信仰の対象として教育することを目的としたものではなく，宗教に対する知識理解を基盤としながら，宗教が社会生活に果たしてきた文化としての機能と役割に重点を置くものである。こう

した宗教文化教育への注目は，近年では，日本宗教学会と「宗教と社会」学会の連携学会として組織された宗教文化教育推進センターによる宗教文化士資格として具体化される動きもある[5]。

4．道徳科と宗教

　戦後日本における宗教教育は，歴史的かつ法制的な観点を背景として，宗教的情操を巡る問題を中心として展開した。ここで展開されてきた議論は，「期待される人間像」に見られるように，「永遠絶対的なもの」や「聖なるもの」としての宗教的な存在を前提とする立場と学習指導要領や「心のノート」のように神や仏という宗教的存在を前提とせず，「人間の力を越えたもの」を畏敬の対象とする立場に大きく分かれていた。

　宗教的情操を巡る歴史的な経緯を考えれば，「永遠絶対的なもの」や「聖なるもの」としての宗教的な存在を前提とすることに困難があったことは否定できない。また，ここには，公教育が個人の内面に関わる宗教の問題にどこまで踏む込むことが可能なのかという法規上の問題も加わることでより複雑なものとなっていった。

　一方，教育基本法や学習指導要領に示されたような宗教に言及しない宗教的情操や「生命の尊重」という方向性は，「命」や「心」を単なる生物学的・生理学的な次元での問題に押し込めてしまうことへの危惧も指摘される。しかも，宗教的には「空白」であり，宗教的な知識さえもが十分に教えられていない日本の学校教育の状況において，「命」や「こころ」の大切さを，宗教の教義に基づくことなく，感覚的な情報と内容に依拠して教育することへの危険性も指摘される。

　一般的にいえば，従来のように，宗教的情操を軸を中心として，今後

---

5)　宗教文化士になるための受講科目の到達目標は，①教えや儀礼，神話を含む宗教文化の意味について理解できる，②キリスト教，イスラーム教，ヒンドゥー教，仏教，神道などの基本的な事実について，一定の知識を得ることができる，③現代人が直面する諸問題における宗教の役割について，公共の場で通用する見方ができる，の 3 つが挙げられている。

の宗教教育についての議論の深化をはかることは困難といえる。その意味では，宗教文化教育としての「宗教リテラシー教育」は，道徳教育においても重要な視点となる可能性がある。

　2015（平成27）年3月に告示された道徳の学習指導要領では，道徳の内容項目と宗教を直接に結びつけた記述はなく，その点では従来の学習指導要領と変化してはいない。しかし，小中学校の『学習指導要領（平成29年告示）解説　特別の教科　道徳編』では，「国際理解・国際親善」の項目において「宗教が社会で果たしている役割や宗教に関する寛容の態度などに関しては，教育基本法第15条の規定を踏まえた配慮を行うとともに，宗教について理解を深めることが，自らの人間としての生き方について考えを深めることになるという意義を十分考慮して指導に当たることが必要である」と明記された。

　この記述は，宗教を「生命に対する畏敬の念」と直接に結び付けているわけではないが，道徳科の授業に宗教の視点が提示されたことは大きな変化といえる。教育基本法第15条の「宗教に関する寛容の態度，宗教に関する一般的な教養及び宗教の社会生活における地位は，教育上尊重されなければならない」という規定を実現するためには，「宗教に関する一般的な教養」の内実を精緻して検討することが必要である。そのためにも，諸外国で展開されている宗教教育や宗教文化教育の可能性を視野に入れながら，道徳教育における宗教の役割や意義についての議論を重ね，道徳科における教材の開発を進めることが今後の課題である。

引用・参考文献

国際宗教研究所編・井上順孝『教育のなかの宗教』（新書館，1998年）

貝塚茂樹『戦後日本道徳教育問題』（日本図書センター，2001年）

国際宗教研究所編『現代宗教2007―宗教教育の地平』（秋山書店，2007年）

諸富祥彦編『人間を超えたものへの「畏敬の念」の道徳授業』（明治図書，2007年）

櫻井義秀編『カルトとスピリチュアリティ』（ミネルヴァ書房，2009年）

カール・ベッカー，弓山達也『いのち　教育　スピリチュアリティ』（大正大学出版会，2009年）

宗教教育研究会編『宗教を考える教育』（教文館，2010年）

藤原聖子『教科書の中の宗教―この奇妙な実態』（岩波書店，2011年）

宮崎元裕「多文化社会における宗教教育」（村田翼夫・上田学・岩槻智也編『日本の教育をどうデザインするか』所収，東信堂，2016年）

井上順孝『グローバル化時代の宗教文化教育』（弘文堂，2020年）

学習課題

1．日本の宗教教育の歴史について説明できるようにしよう。

2．宗教的情操についての解釈について説明できるようにしよう。

3．多文化社会の中での道徳教育と宗教に関する課題について考えてみよう。

9 │ 学校における道徳教育

走井洋一

《**目標＆ポイント**》　道徳教育は学校の教育活動全体を通じて行うことになっているが，各教科，外国語活動，総合的な学習の時間，特別活動において行われる道徳教育の内実，それらと道徳科との関係，さらに学校における道徳教育を行う体制について検討する。また，高等学校における道徳教育についても考える。
《**キーワード**》　道徳教育，道徳科，道徳教育推進教師

1. 教育課程の構造と道徳教育

（1）教育課程と学習指導要領

　学校教育はその目的や目標を達成するために計画的に実施されるものである。そのため，教育活動を行う前にあらかじめ教育の計画を立てることが必要となるが，日本の学校教育においてその計画のことを**教育課程**と呼んでいる。ちなみに，教育課程は，日本の教育制度上，「学校教育の目的や目標を達成するために，教育の内容を児童（生徒）の心身の発達に応じ，授業時数との関連において総合的に組織した各学校の教育計画」（『小学校（中学校）学習指導要領（平成29年告示）解説　総則編』，（　）内は中学校）と位置付けられている。上述のように，学校教育の目的・目標を達成するために教育内容を選択・配列した計画と考えてよい。

　ところで，教育課程は全国一律ではなく，各学校においてそれぞれの

学校や児童生徒の実態等に応じて編成されるものである。しかし，学校教育では教育機会の平等性を担保することが求められることから，その全国的な基準として大綱的に定めたものを学習指導要領として文部科学大臣が作成・告示することになっている。そのため，各学校はそれぞれの実態に応じつつも，学習指導要領に則って教育課程を編成することが求められることになる。

　学習指導要領は社会の変化等に対応していくためにおおよそ10年に１回改訂されており，最新のものは2017（平成29）年に告示された「小学校（中学校）学習指導要領」になる。以下では，各学校の教育課程を編成する際の基準となる2017（平成29）年告示「小学校（中学校）学習指導要領」（以下，「小学校（中学校）学習指導要領」）における道徳教育について考えていこう。

（2）教育課程の構造

　学校における教育活動は，教育課程に基づく教育活動と教育課程外の教育活動がある。教育課程外の活動の代表的なものは部活動であり，これらも学校の教育活動とみなすことができるが，計画性の有無に違いがあるといえる。そして，学校教育において教育課程に基づく教育活動が時間的にも内容的にも圧倒的に大きな割合を占めている。この教育課程は，小学校では「国語，社会，算数，理科，生活，音楽，図画工作，家庭，体育及び外国語の各教科，特別の教科である道徳，外国語活動，総合的な学習の時間並びに特別活動」（学校教育法施行規則第50条第１項）によって，中学校では「国語，社会，数学，理科，音楽，美術，保健体育，技術・家庭及び外国語の各教科，特別の教科である道徳，総合的な学習の時間並びに特別活動」（同施行規則第72条）によって編成されるとされている。これらの規定を基に，さらに学習指導要領に示されてい

$$
\text{教育課程}
\begin{cases}
\text{各教科}
\begin{cases}
\text{国語，社会，算数（数学），理科，生活（小のみ）} \\
\text{音楽，図画工作（美術），家庭（技術・家庭），} \\
\text{体育（保健体育），外国語}
\end{cases} \\[1em]
\text{特別の教科である道徳} \\[0.5em]
\text{総合的な学習の時間} \\[0.5em]
\text{外国語活動（小のみ）} \\[1em]
\text{特別活動}
\begin{cases}
\text{学級活動} \\
\text{児童会（生徒会）活動} \\
\text{クラブ活動（小のみ）} \\
\text{学校行事}
\begin{cases}
\text{儀式的行事，文化的行事，健康安全・} \\
\text{体育的行事，旅行（遠足）・集団宿泊} \\
\text{的行事，勤労生産・奉仕的行事}
\end{cases}
\end{cases}
\end{cases}
$$

図9-1　小・中学校の教育課程の構造（（　）内は中学校）（田中ほか編『基礎からわかる教育課程論』を一部改変）

る特別活動の内容を補うと，図9-1のように理解できる。

　なお，ここで特別の**教科**である道徳は，教科であるにも拘らず，法令の文言に忠実に理解すれば，図9-1のように各教科に入らないものとして扱われている。それは，後に確認していくように，一方では教科の側面を持つものの，他方では学校の教育活動全体を通じて行う側面も持つという二重性のゆえに**特別の**教科と位置付けられているためである。

（3）教育課程における道徳教育

　「特別の教科である道徳」が教育課程の一部を構成することは図9-1からわかるが，道徳教育について「小学校（中学校）学習指導要領」には以下のように記載されている。

　学校における道徳教育は，特別の教科である道徳（以下「道徳科」という。）
を要として学校の教育活動全体を通じて行うものであり，道徳科はもとよ
り，各教科，外国語活動（小のみ），総合的な学習の時間及び特別活動の
それぞれの特質に応じて，児童（生徒）の発達の段階を考慮して，適切な
指導を行うこと。（「第 1 章　総則」の「第 1　小学校（中学校）教育の基
本と教育課程の役割」，（　）内は中学校）

　ここには①道徳科を要とする，②学校の教育活動全体を通じて行う，
③各教科等において適切な指導を行う，ことが示されている。まず，②，
③から，道徳教育が道徳科に限定されていないことがわかる。各教科等
でどのような道徳教育が行われているのかについての詳細は後に確認し
ていくが，ここでは学校の教育活動全体を通じて行われていることを確
認しておこう。学校の教育活動には教育課程に基づくものだけでなく，
教育課程外の活動も含まれているが，先に見たように，教育課程に基づ
く教育活動の占める割合が大きいことから考えれば，道徳教育がどのよ
うに計画的に実施されているかを確認する必要があるだろう。

　ただ，教育活動全体として行われる道徳教育は，年間を通じて実施さ
れる教科としての道徳科を要として実施するとされているが，それらは
どのように位置付けられているのだろうか。再度，「小学校（中学校）学
習指導要領」に目を向けてみよう。

　道徳科が学校の教育活動全体を通じて行う道徳教育の要としての役割を果
たすことができるよう，計画的・発展的な指導を行うこと。特に，各教科，
総合的な学習の時間及び特別活動における道徳教育としては取り扱う機会
が十分でない内容項目に関わる指導を補うことや，児童（生徒）や学校の
実態等を踏まえて指導をより一層深めること，内容項目の相互の関連を捉
え直したり発展させたりすることに留意すること。（「第 3 章　特別の教
科　道徳」の「第 3　指導計画の作成と内容の取扱い」，（　）内は中学校）

　ここでは，道徳科が道徳教育の要としての役割を果たすことができるように，計画的・発展的な指導を行うことが求められている。計画的・発展的な指導について，さらに，⑦補うこと，④より一層深めること，⑦捉え直したり発展させたりすることに留意することが示されている。

⑦補うこと

　教育活動全体を通じた道徳教育は，それぞれの教育活動の目標やねらいに従って行われることから，道徳教育に関わるものであったとしても，必ずしも道徳教育として系統立てて行われるわけではない。そのため，道徳科において計画的・発展的に不足する部分について補っていくことが求められているのである。

④より一層深めること

　教育活動の中には確かに道徳教育に関わっているものの，必ずしも道徳性の育成にまで繋がっていないケースもある。たとえば，生徒指導において行動そのものに働きかけることがあるが，行動を振り返らせ，道徳性の形成にまで結び付けることは時間的に難しい。そうした場合，道徳科の授業において，振り返りを行わせ，より一層深めさせる指導が求められる。

⑦捉え直したり発展させたりすること

　教育活動全体を通じた道徳教育が道徳教育としては系統立てられていないことは，不足するだけではなく，重複することが生じることも予想される。同様の道徳の内容に関わる問題に教科や領域をまたいで児童生徒が向き合うことになるが，その都度の取り組みにとどめるのではなく，それらを関連付けていくことで，捉え直したり，さらには発展させたりするような授業が求められている。

　さて，道徳科が道徳教育において果たすべき役割を考えてきたが，こ

のような道徳教育の観点から教育課程を捉え直すと，図9‐2のように考えることができるだろう。

　道徳科は道徳教育の要と位置付けられていた。要とは重要な部分といった意味であるが，もともとは扇の骨をまとめるために用いられる金具を指す。扇は要を外すとばらばらになってその機能を果たさない。それゆえ，要としての道徳科が適切に機能することで，道徳教育としても十全に機能するようになることが期待されている。そして，要としての道徳科が適切に機能するために，補うこと，より一層深めること，捉え直したり発展させたりすることを通じて，計画的・発展的に指導することが求められているのである。ただ，これは道徳科で計画的・発展的に指導するだけではなく，そうした指導の成果を学校の教育活動全体へと展開するという逆方向も必要になるはずである。

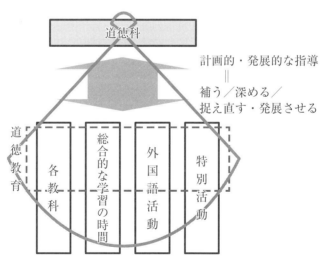

図9‐2　道徳教育の観点から見た教育課程の構造（外国語活動は小学校のみ）

　そして，こうした計画的・発展的な指導にあたっては，「教育の内容等を教科等横断的な視点で組み立てていくこと，教育課程の実施状況を評価してその改善を図っていくこと，教育課程の実施に必要な人的又は物的な体制を確保するとともにその改善を図っていくことなどを通して，教育課程に基づき組織的かつ計画的に各学校の教育活動の質の向上を図っていく」(「小学校（中学校）学習指導要領」) **カリキュラム・マネジメント**の視点が重要となることにも留意しておきたい。

（4）高等学校における道徳教育

　ここまで小・中学校における道徳教育について述べてきたが，高等学校においても道徳教育が行われなければならないことに留意したい。

　　学校における道徳教育は，人間としての在り方生き方に関する教育を学校の教育活動全体を通じて行うことによりその充実を図るものとし，各教科に属する科目，総合的な探究の時間及び特別活動のそれぞれの特質に応じて，適切な指導を行うこと。(平成30年告示「高等学校学習指導要領」(以下「高等学校学習指導要領」)「第1章　総則」の「第1款　高等学校教育の基本と教育課程の役割」)

　要とする道徳科が置かれていないことが小・中学校との最大の違いであるが，教育課程において学校の教育活動全体を通じて実施すると位置付けられている点に違いはなく，さらに第10章で確認するように道徳教育の目標についてもほぼ共通している。ただ，計画的に実施するに際して以下のような留意点が示されている。

　　道徳教育の全体計画の作成に当たっては，生徒や学校の実態に応じ，指導の方針や重点を明らかにして，各教科・科目等との関係を明らかにするこ

と。その際，公民科の「公共」及び「倫理」並びに特別活動が，人間とし
ての在り方生き方に関する中核的な指導の場面であることに配慮するこ
と。(「高等学校学習指導要領」「第 1 章　総則」の「第 7 款　道徳教育に
関する配慮事項」)

　公民科の「公共」・「倫理」及び特別活動を中核として実施することが
示されているが，すべての生徒に履修させる科目である「公共」と特別
活動の役割は重要であろう。ちなみに，「公共」は，「現代社会に生きる
人間としての在り方生き方についての自覚」をその目標に示しており，
中核的な指導の場面であることが理解できるところである。

2．学校教育全体を通じた道徳教育

　学校の教育活動全体を通じて道徳教育を行うと述べたが，具体的にど
のように道徳教育を行うのかを以下で考えていこう。

(1) 各教科における道徳教育

　各教科における道徳教育には，①教科の目標に関わる道徳教育，②知
識・技能の習得に関わる道徳教育，③学習への取り組みに関わる道徳教
育，④隠れたカリキュラムとしての道徳教育，があると考えられる。以
下ではそれぞれについて考えていこう。

①教科の目標に関わる道徳教育

　各教科の教育活動はそれらの目標と内容に則して実施されるが，それ
自体がそもそも道徳教育に関わっていることをまずは確認しておきた
い。たとえば，国語科の目標には「言葉がもつよさを認識するとともに，
言語感覚を養い，国語の大切さを自覚し，国語を尊重してその能力の向
上を図る態度を養う」(小)，「言葉がもつ価値を認識するとともに，言
語感覚を豊かにし，我が国の言語文化に関わり，国語を尊重してその能

力の向上を図る態度を養う」(中),「言葉のもつ価値への認識を深めるとともに,言語感覚を磨き,我が国の言語文化の担い手としての自覚をもち,生涯にわたり国語を尊重してその能力の向上を図る態度を養う」(高)ことが含まれているが(「小学校(中学校・高等学校)学習指導要領」),ここには,言葉がもつよさ(価値),国語の大切さ,国語を尊重する,などに関わることが示されている。これらは国語という教科の基礎学となる国文学(日本文学)や言語学,国語学(日本語学)といった諸学の科学的な知見や思考様式にとどまらない**価値的な正しさ**を含んでいることが理解できる。すなわち,教科の目標自体に道徳教育の側面が内包されているがゆえに,国語科の目標を達成すべく実施していくことが自ずと道徳教育も併せて実施していくことになっているのである。そして,これは国語科にとどまらず,他教科においても同様であることを確認しておきたい。

②知識・技能の習得に関わる道徳教育

　知識や技能を獲得するということは,力を得る(=できることが増える)ことにほかならない。たとえば,家庭科(技術・家庭科)では包丁を使って調理実習を行うが,包丁を使って食材を加工する力を得ただけでなく,包丁が人を傷つけうるものであることから,そうした力も得たことになる。ただ,当然ながら,人を傷つけるということが認められるはずはない。包丁の例にとどまらず,各教科等の学習を通じて獲得できる知識・技能はできることを増やすことに寄与している一方で,できることが増えればその分だけそれらを使用してよいかどうかの判断が要求されるようにもなる。知識・技能を占有することが権力と結び付くことで,支配階級に有利に作用してきた歴史に対する反省から現在の学校教育はすべての人々に知識を開放する公共性を有するものとして構築されたため,そこで獲得する知識・技能にそれほどの差異がない。そのため,

学校教育を通じて力を得ているという実感をもちにくいが，力を得ている以上，力の行使における判断が求められることは間違いない。その点に道徳教育は関与していると考えられる。

③学習への取り組みに関わる道徳教育

「小学校（中学校・高等学校）学習指導要領」においては，「主体的・対話的で深い学び」の実現に向けた授業改善が目指されている。これは，「学ぶことに興味や関心を持ち，自己のキャリア形成の方向性と関連付けながら，見通しをもって粘り強く取り組み，自己の学習活動を振り返って次につなげる「主体的な学び」」，「子供同士の協働，教職員や地域の人との対話，先哲の考え方を手掛かりに考えること等を通じ，自己の考えを広げ深める「対話的な学び」」，「習得・活用・探究という学びの過程の中で，各教科等の特質に応じた「見方・考え方」を働かせながら，知識を相互に関連付けてより深く理解したり，情報を精査して考えを形成したり，問題を見いだして解決策を考えたり，思いや考えを基に創造したりすることに向かう「深い学び」」と整理されている（『小学校（中学校）学習指導要領（平成29年告示）解説　総則編』及び『高等学校学習指導要領（平成30年告示）解説　総則編』）。これらは学習の在り方を示すものであるが，同時に各教科等の学習において自己の在り方や自己と社会との関わりを意識していくことになることから，各教科等を学習していくこと自体が道徳教育につながっていると考えてよい。

④隠れたカリキュラムとしての道徳教育

教育課程に基づく教育活動は計画的な営みであるが，学校教育においてはそうした計画的な営みを実施していく際に計画にはない意図していないものを児童生徒が学習することがある。このように，学校や教師が意図していないにもかかわらず，児童生徒が学習するようなものを**隠れたカリキュラム**（hidden curriculum）と呼ぶ。これを最初に提起した

とされる P. W. ジャクソンは，教室内の多数の人たち（crowds），褒めること（praise），権力（power）が組み合わさって形成されるものであって，これを習得することで児童生徒は学校生活を満足にすごすことができると指摘した。これ以降教育活動に含まれる潜在的な価値に関心がもたれるようになったため，それらも考慮に入れて教育課程を編成するようになってきているが，それでもなお，教師のふとした言動などに隠れたカリキュラムが残存している。そして，それらは価値的な正しさに関わるものを多く含んでいるがゆえに，道徳教育の観点から常に見直す必要がある。すなわち，実施した教育活動を反省することによって，潜在的なものを顕在化させ，教育課程に基づいて実施する道徳教育との整合性を図ることが重要である。

（2）総合的な学習（探究）の時間，外国語活動，特別活動における道徳教育

　各教科で示した②，③，④は各教科以外の教育活動においても同様であるが，またそれぞれの教育活動の目標についても総合的な学習〔探究〕の時間では「自己の生き方〔在り方生き方〕を考えていくための資質・能力」（〔　〕内は高等学校）の育成が，外国語活動では「コミュニケーションを図る素地となる資質・能力」の育成が目指されているように（「小学校学習指導要領」），これらの領域でも道徳教育の側面が含まれていると考えてよい。

　とりわけ，特別活動については「自主的，実践的な集団活動を通して身に付けたことを生かして，集団や社会における〔主体的に集団や社会に参画し，〕生活及び人間関係をよりよく形成するとともに，自己の生き方（人間としての生き方）についての考え〔人間としての在り方生き方についての自覚〕を深め，自己実現を図ろうとする態度を養う」（「小

学校（中学校・高等学校）学習指導要領」，（　）内は中学校，〔　〕内は高等学校）ことが目指されている。すなわち「自己の生き方（人間としての生き方）についての考え〔人間としての在り方生き方についての自覚〕を深め」ることが期待されていることから，道徳教育の目標との親和性が高い。もちろん，特別活動は「自主的，実践的な集団活動」という具体的な活動を通じて集団や社会との関わりから自己の在り方についての考えを深めていこうとするのに対して，道徳教育は逆に自己の在り方から集団や社会との関わりについて考えていくというベクトルの違いはあるので，それぞれの教育活動の特性を生かしつつ実施することが求められているのはいうまでもない。

（3）生徒指導と道徳教育

　学校の教育活動のうち，教育課程と強い関連を持ちながら実施されるものとして生徒指導がある。「生徒指導とは，一人一人の児童生徒の人格を尊重し，個性の伸長を図りながら，社会的資質や行動力を高めることを目指して行われる教育活動」（『生徒指導提要』）を意味しており，端的には社会的資質や行動力を高める教育活動と考えられることから，社会に適応するように行動それ自体を変容させる活動であるといえる。一方で，道徳教育は行動を支える力としての道徳性の育成を目指すことから（第10章参照），行動という点に共通点を見出すことができるものの，行動そのものに働きかけるのか，それを支える力に働きかけるのかにおいて差異がみられる。それゆえ，両者は車の両輪に喩えられることが多く，密接な関連を持ちながら実施していくことが求められるが，役割上・特性上の差異があることには留意しておきたい。

3．学校教育全体を通じた道徳教育の進め方

（1）全体計画・年間指導計画

　教育課程に基づく教育活動を実施していくには，何よりも計画を立てることが重要になる。学校の教育活動全体を通じて実施される道徳教育の計画のことを，道徳教育の**全体計画**という。全体計画は小・中・高等学校で作成することが求められているものであり，児童生徒や学校，地域の実態を考慮して，学校の道徳教育の重点目標を設定することについては共通している。さらに，小・中学校においては，道徳科の指導方針，道徳科の内容との関連を踏まえた各教科，外国語活動（小のみ），総合的な学習の時間及び特別活動における指導の内容及び時期並びに家庭や地域社会との連携の方法を示すことが，高等学校においては，公民科の「公共」及び「倫理」並びに特別活動が人間としての在り方生き方に関する中核的な指導の場面であることに配慮しつつ，各教科・科目等との関係を明らかにすることが求められている（『小学校（中学校）学習指導要領（平成29年告示）解説　総則編』及び『高等学校学習指導要領（平成30年告示）解説　総則編』）。上記のすべてを盛り込んで用紙1面で作成されることが一般的であるが，作成の様式は自由である。

　また，小・中学校においては道徳科が設けられているが，その年間を通じた計画のことを**年間指導計画**という。年間指導計画を立てる際には，道徳教育の全体計画を踏まえながら，各教科等との関連を考慮しつつ作成するものとされている。年間指導計画には，「指導の時期」，「主題名」，「ねらい」，「教材」，「主題構成の理由」，「学習指導過程と指導の方法」，「他の教育活動等における道徳教育との関連」などを盛り込むことが望まれているが（『小学校（中学校）学習指導要領（平成29年告示）解説　特別の教科　道徳編』），こちらも様式が定まっているわけではない。

　これらを踏まえると，道徳教育は道徳科を要として学校の教育活動全体を通じて計画的に実施するものであることを確認することができるだろう。確かに，各教科等の教育活動はそれぞれの目標の実現に向けて実施されるものであるが，その際に全体計画に照らして道徳教育とどのように関係付けるのかを意識しつつ実施することが必要である。そしてまた，そうした各教科等での道徳教育を生かし，関係付けながら，道徳科の年間指導計画を作成し，それに基づき実施することが求められていることを確認しておきたい。

（2）道徳教育の推進体制

　道徳教育が学校の教育活動全体を通じて実施するものであるならば，当然ながら，その目標とその実現に向けた計画を学校という組織体が一体となって実施することが求められる。その 1 つの方途は，教職員等が道徳教育の目標と全体計画を共有し，それぞれが関わる教育活動を実施していくことであるが，それだけでなく，もう 1 つは教育活動そのものを協力的・一体的に実施することが必要であろう。その際には，校長のリーダーシップの下，「道徳教育の推進を主に担当する教師（以下「**道徳教育推進教師**」という）を中心に，全教師が協力して道徳教育を展開する」（「小学校（中学校・高等学校）学習指導要領」）ための体制を整えることが必要となる。これは，小・中・高等学校に共通している。ちなみに，道徳教育推進教師の役割としては，

・道徳教育の指導計画〔全体計画〕の作成に関すること
・全教育活動における道徳教育の推進，充実に関すること
・道徳科の充実と指導体制に関すること〔小中のみ〕
・道徳用教材〔道徳教育用教材〕の整備・充実・活用に関すること

- 道徳教育の情報提供や情報交換に関すること
- 道徳科の授業公開など家庭や地域社会との連携に関すること
  〔道徳教育の全体計画の公開など家庭や地域社会との共通理解に関すること〕
- 道徳教育の研修の充実に関すること
- 道徳教育における評価〔道徳教育の全体計画の評価〕に関すること
  〔　〕内は高等学校

が示されている（『小学校（中学校）学習指導要領（平成29年告示）解説　総則編』及び『高等学校学習指導要領（平成30年告示）解説　総則編』）。道徳科が設けられているかどうかの違いはあるものの，その役割についてもほぼ共通している。小・中・高等学校の校長は「校務をつかさど」（学校教育法第37条第4項，第49条，第62条）ることとなっているが，現実的には校務分掌によって実施していくことになる（学校教育法施行規則第43条，第79条，第104条第1項）。道徳教育の推進を主に担当する役割も校務分掌の1つとして位置付けられ，道徳教育推進教師がその役割を担い，道徳教育を組織的に実施していくことが求められている。

　なお，道徳科が設けられている小・中学校段階においては，「校長や教頭などの参加」，「他の教師との協力的な指導」など，道徳科の指導に当たっての指導体制上の工夫を行うことも求められていることを確認しておきたい。

引用・参考文献

Jackson, P. W. Life in Classrooms, Holt, Rinehart and Winston, reprinted by Teachers College, Columbia University, 1968, 1990

田中卓也・時田詠子・松村齋編『基礎からわかる教育課程論』（大学教育出版，2019年）

文部科学省『生徒指導提要』（教育図書，2011年）

文部科学省『小学校学習指導要領（平成29年告示）』（東洋館出版社，2018年）

文部科学省『小学校学習指導要領（平成29年告示）解説　総則編』（東洋館出版社，2018年）

文部科学省『小学校学習指導要領（平成29年告示）解説　特別の教科　道徳編』（廣済堂あかつき，2018年）

文部科学省『中学校学習指導要領（平成29年告示）』（東山書房，2018年）

文部科学省『中学校学習指導要領（平成29年告示）解説　総則編』（東山書房，2018年）

文部科学省『中学校学習指導要領（平成29年告示）解説　特別の教科　道徳編』（教育出版，2018年）

文部科学省『高等学校学習指導要領（平成30年告示）』（東山書房，2018年）

文部科学省『高等学校学習指導要領（平成30年告示）解説　総則編』（東洋館出版社，2019年）

学習課題

1．学校の教育活動全体を通じて実施する道徳教育と道徳科との関係をまとめてみよう。

2．道徳科以外の教育活動における道徳教育として考えられるものを挙げてみよう。

3．なぜ道徳教育を計画的に進める必要があるのかを考えてみよう。

10 | 道徳教育・道徳科の目標と内容

走井洋一

《**目標＆ポイント**》　道徳教育の目標，道徳科の目標を自己の概念を軸に構造的に読み解くとともに，道徳科で扱うべき内容として示されている内容項目について，その分類の視点として示されている4つの視点を基に検討する。
《**キーワード**》　道徳教育の目標，道徳科の目標，道徳科の内容，4つの視点

1. 道徳教育の目標

（1）道徳教育の目標

　道徳教育の目標は，2017（平成29）年告示「小学校（中学校）学習指導要領」（以下，「小学校（中学校）学習指導要領」）及び2018（平成30）年告示「高等学校学習指導要領」において以下のように示されている。

　道徳教育は，教育基本法及び学校教育法に定められた教育の根本精神に基づき，自己の生き方（人間としての生き方）を考え，主体的な判断の下に行動し，自立した人間として他者と共によりよく生きるための基盤となる道徳性を養うことを目標とすること。（「第1章　総則」の「第1　小学校（中学校）教育の基本と教育課程の役割」，（　）内は中学校）

　道徳教育は，教育基本法及び学校教育法に定められた教育の根本精神に基づき，生徒が自己探求と自己実現に努め国家・社会の一員としての自覚に基づき行為しうる発達の段階にあることを考慮し，人間としての在り方生

き方を考え，主体的な判断の下に行動し，自立した人間として他者と共によりよく生きるための基盤となる道徳性を養うことを目標とすること。（「第1章　総則」の「第1款　高等学校教育の基本と教育課程の役割」）

　これらを端的に理解すれば，道徳教育の目標は教育の根本精神に基づき道徳性を養うことであるが，その道徳性の基盤の上に，①自己の生き方（人間としての生き方／在り方生き方）を考え，②主体的な判断の下に行動し，③自立した人間として他者と共によりよく生きることができるようになることが期待されている。2017，2018（平成29，30）年告示学習指導要領は**コンテンツ（教育内容）** ベースではなく，**コンピテンシー（資質・能力）** ベースで教育目標の見直しを行われた。コンピテンシーとは，「断片化された知識や技能ではなく，人間の全体的な能力」（国立教育政策研究所「教育課程の編成に関する基礎的研究報告書5」）のことを意味するが，道徳教育の目標においても，コンピテンシーとしての道徳性の基盤のうえに何ができるようになることが求められているかを3点で示しており，それらは図10-1のような関係にある。
　道徳教育は，②主体的な判断の下に行動することができるようになることを目指すが，その主体的な判断は場面ごとのその都度の判断にとど

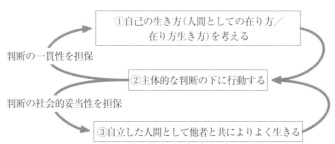

図10-1　道徳教育の目標の構造（走井「道徳科における「主体的・対話的で深い学び」」を一部改変）

まってしまう可能性を孕むため，その都度の判断が①自己の生き方（人間としての生き方／在り方生き方）に照らして一貫性を担保することが求められる。ただ，①，②だけであれば，独りよがりな判断を認めてしまうことにもなりかねない。それゆえ，③他者と共によりよく生きるという観点から，自分の判断が社会的な妥当性を保っているのかどうかを問うことも求めているのである。すなわち，道徳教育では，自己の一貫性や社会的妥当性を担保した主体的な判断の下に行動することができるようになること，そしてそのことを可能とする道徳性を養うことを目指していると考えてよい。

　ちなみに，小学校では「自己の生き方」であるのに対して，中学校では「人間としての生き方」，高等学校では「人間としての在り方生き方」とされている。これは，発達段階の違いに対応していると考えられる。すなわち，小学校段階では，自我から自己へと深化していくものの，まだ自分という具体的な軸を基に考えることにとどまらざるを得ないが，中学校段階では，具体的な自分にとどまらず，普遍的な人間という存在にまで，さらに高等学校ではどう生きるかだけでなく，人間という存在がどうあるべきかというところまで思考を及ぼすことが期待されていると考えてよいだろう。ただ，このことは小学校段階で普遍的な人間について考えることや，逆に中学校，高等学校段階で具体的な自己の問題を考えることを妨げるものではない。

（2）道徳性の内実

　自己の一貫性や社会的妥当性を担保した主体的な判断の下に行動することを支える道徳性を養うことが道徳教育の目標であることを確認してきたが，そもそも道徳性とは何を意味しているのだろうか。「小学校（中学校・高等学校）学習指導要領」にその記載はなく，『小学校（中学校）

学習指導要領（平成29年告示）解説　総則編』，『高等学校学習指導要領（平成30年告示）解説　総則編』で「人間としての本来的な在り方やよりよい生き方を目指して行われる道徳的行為を可能にする人格的特性であり，人格の基盤をなすもの」，また「人間らしいよさであり，道徳的諸価値が一人一人の内面において統合されたもの」と位置付けられており，後に考える道徳科の目標を含めて考えると，図10-2のように考えることが可能だろう。

　具体的状況において行為の選択を行う際，何らかの基準に照らして善い（望ましい）／悪い（よくない）といった価値判断を行っていると考えることができる。このように基準に照らして価値判断を行い，行為を選択することが先に述べた主体的な判断にほかならない。そしてその主体的判断を行うことができる資質・能力が道徳性なのである。さらに道徳性は，後で述べる道徳的判断力，道徳的心情，道徳的実践意欲と態度をその内実していると考えることができるだろう。

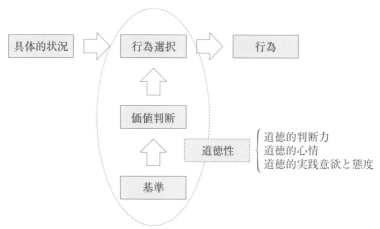

図10-2　行為と道徳性の関係

　ただ，ここで留意すべきことの第1として価値判断を行う際の基準は判断を行う人それぞれの道徳性のうちに内包されているといえるが，この点は後に検討するので，ここでは第2の点について，すなわち，こうした基準に照らした価値判断とそれに基づく行為選択が必ずしも自覚的に行われるものばかりではない，ということについて考えたい。私たちはある行為をしたときに「なぜそのようなことをしたのか」と後悔することがあるが，その行為の前に熟慮を重ねていたのであれば，「なぜそのような判断をしたのか」となり，行為そのものへの後悔にはならないはずである。後悔を生むものばかりでなく，結果的にうまくいった場合でも熟慮していないことはしばしばである。とはいえ，価値判断を行い，行為を選択したことを自覚せずに（あるいは直感的に），実際に行為したのであれば，その行為の背後には何らかの基準や思いがあるといってよい。そのため，まずは児童生徒に，そうした自分自身の無自覚的な行為にまで考えを及ぼさせ，それはどのような基準に基づいた判断だったのか，何を大切に思っていたのかなどを振り返って考えさせることが必要だろう。道徳教育を通じて目指されるのは，仮に熟慮していない場合であっても，自分の価値基準に照らして妥当な行為ができるような道徳性を育んでいくことにほかならないからである。

2．道徳科の目標

（1）道徳科の目標

　道徳科の目標は「小学校（中学校）学習指導要領」で以下のように示されている。

　……道徳教育の目標に基づき，よりよく生きるための基盤となる道徳性を養うため，道徳的諸価値についての理解を基に，自己を見つめ，物事を広

い視野から多面的・多角的に考え，自己の生き方（人間としての生き方）
についての考えを深める学習を通して，道徳的な判断力，心情，実践意欲
と態度を育てる。（「第3章　特別の教科　道徳」の「第1　目標」，（　）
は中学校）

　第9章で見てきたように道徳科は道徳教育の要として実施することか
ら，道徳教育の目標である道徳性の育成を実現するために，より具体的
な目標が示されている。そしてそれは，他教科同様，どのような**学習活
動**を通じて，目指すべき**資質・能力**（コンピテンシー）を育成するかが
示されている点に留意したい。すなわち，図10-3のような構造で理解
できる。
　「～学習を通して」という部分において，道徳科の授業においてどの
ような学習活動を行えばよいのか，すなわち，どのように授業を行うこ
とが道徳科となるのかということが道徳科の特質として示されている。
そして，そうした学習を通して育成されるべき資質・能力として，「道
徳的な判断力，心情，実践意欲と態度」が示されていると考えてよい。
　そして，これらの資質・能力は，道徳教育の目標であった道徳性の内
実にほかならない。

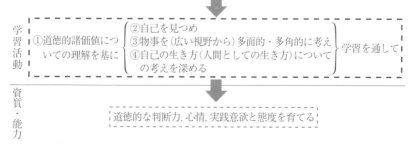

図10-3　道徳科の目標の構造（走井「道徳科における「主体的・対話的で
　　　深い学び」」を一部改変）

（2）道徳科の特質

　道徳科の特質としてまず指摘すべきなのは，①道徳的諸価値についての理解を**基**にしている点である。道徳科の授業は**価値的な正しさ**を巡って行われることは間違いないが，それを理解することや身に付けることだけが目的ではない。後に述べるように，むしろそれらの正しさを理解した**上で**それらにどのように向き合うかが問われる。それゆえ，②〜④の学習活動にこそ道徳科の特質があると考えるべきであろう。それを図示したのが図10-4である。

　具体的な場面に遭遇したとき，道徳的諸価値の理解を基にして，児童生徒は様々な判断を行う。ただ，それらの価値に対して，無自覚的なものを含めて自己がこれまで，そして現在どのように向き合ってきた／い

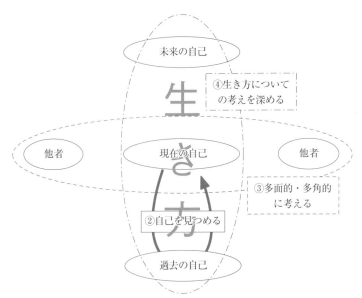

図10-4　道徳科の特質（走井「道徳科における「主体的・対話的で深い学び」」を一部改変）

るのか，すなわち自己の過去と現在を捉え直す必要がある（②）。ただ，道徳教育の目標に照らして考えれば，自己だけにとどまることは許されない。それゆえ，自己とは異なる考えや思いがないかを多面的・多角的に考慮することで，自己の向き合い方を相対化する必要がある（③）。そして，②，③を踏まえて，過去・現在・未来に一貫した自己の生き方（人間としての生き方）を見出し，それに基づいた行為の積み重ねによって生き方を形作っていくことが必要になってくる（④）。道徳科において，こうした3つの側面を踏まえながら授業を行うことが，「考える道徳」，「議論する道徳」にほかならない。これらを授業内の活動として考えた場合，いくつかの留意点はあるものの，中心発問をめぐって，②自分の考えをワークシートなどにまとめさせる，③児童生徒相互の意見交流を行う，④これからどのようにしていくのかを考えさせる，といった活動を取り入れるだけでも実現可能なものである。

（3）道徳科で育成が目指される資質・能力の内実

　『小学校（中学校）学習指導要領（平成29年告示）解説　特別の教科　道徳編』において，道徳的判断力が「それぞれの場面において善悪を判断する能力」，「人間として生きるために道徳的価値が大切なことを理解し，様々な状況下において人間としてどのように対処することが望まれるかを判断する力」，また，道徳的心情が「道徳的価値の大切さを感じ取り，善を行うことを喜び，悪を憎む感情」，「人間としてのよりよい生き方や善を志向する感情」であって，「道徳的行為への動機として強く作用するもの」と説明されていることを踏まえると，道徳的判断力と心情は**その都度**の行為を支える力と捉えることができる。それゆえ，その都度にとどまらないように，道徳的実践意欲と態度が求められる。『小学校（中学校）学習指導要領（平成29年告示）解説　特別の教科　道徳

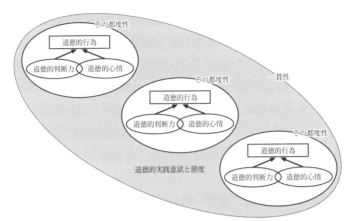

図10-5　道徳的判断力・心情・実践意欲と態度の関係（走井「道徳科にお
　　　　ける「主体的・対話的で深い学び」」を一部改変）

編』では，道徳的実践意欲と態度は「道徳的判断力や道徳的心情によっ
て価値があるとされた行動をとろうとする傾向性」と説明されており，
その都度の行為を支える判断や心情に一貫性を持たせようとする働きと
考えられる（図10-5）。

（4）その都度性から一貫性へ

　道徳科の目標を道徳科の特質と育成が目指される資質・能力から考え
てきたが，ここで明らかになるのは，道徳科の授業が，具体的な場面に
おいてその都度に求められる判断と，それを支える自己の生き方（人間
としての生き方）の一貫性との相互関係を問い直す場であるということ
である。道徳科の授業では教科書に掲載されている物語を中心とした具
体的な場面を扱うがゆえに，それに自己の考えを投影させることはでき
たとしても，どうしてもその都度の判断や思いにとどまりやすい。それ
だけに，道徳ノートを年間を通じて用いるなどして自己の生き方（人間

としての生き方）の一貫性に照らして考えることが必要であることを確認しておきたい。

3．道徳科の内容

（1）内容項目の位置付け

　道徳科の内容は道徳的価値に関わるものであるが，「小学校（中学校）学習指導要領」ではそれらを学年段階によって19〜22の項目（**内容項目**）として示している（巻末資料「内容項目一覧」）。道徳科において「内容項目について，相当する各学年において全て取り上げること」とされていることから，これらを計画的に扱っていくことが求められていることがわかるが，同時に，これらの内容項目が学校の教育活動全体を通じて行う道徳教育の要である道徳科で扱われることから考えて，逆に学校の教育活動全体を通じた道徳教育においてもこれらの内容項目が意識されながら実施される必要があることが含意されていると考えてよいだろう。

　ところで，道徳科の内容項目は習熟すべき学習内容なのだろうか。先に2017，2018（平成29，30）年告示学習指導要領はコンピテンシー・ベースで教育目標の見直しが行われたと指摘したが，一般的に，学習内容としてのコンテンツは学習目標としてのコンピテンシーの手段として位置付けられる。すなわち，コンテンツを用いた学習を通じて，コンピテンシーを育むということである。道徳科においても基本的にはコンテンツを通じてコンピテンシーを養うということに違いはないが，コンテンツは必ずしも手段のみにとどまるわけではない。このことは「それぞれの内容項目は指導に当たり取り扱う内容であって，目標とする姿を表すものではない」（『小学校（中学校）学習指導要領（平成29年告示）解説総則編』）とされつつも，一方で，「人間として他者とよりよく生きてい

く上で学ぶことが必要と考えられる道徳的価値を含む内容」(『小学校
(中学校) 学習指導要領 (平成29年告示) 解説 特別の教科 道徳編』)
とも説明されているように, 手段としてだけでなく, 身に付けることも
求めていることから明らかである。それでは, 道徳科において資質・能
力 (コンピテンシー) と内容 (コンテンツ) との関係をどのように理解
すればよいだろうか。

　児童生徒は, 価値的な正しさに基づき行為を選択したり, その積み重
ねとしての生き方を形作ったりしていく。ただ, 彼らはその正しさをゼ
ロから創っていくわけではなく, まさに生活している社会で正しいとさ
れることを引き受け, 自分なりの基準を定めながら, それに基づいて行
為を選択し, 生活していくのである。だとすると, 確かに道徳科で扱う
内容は学ぶべき道徳的価値を含んだものであるとしても, それらを引き
受けて, どのように基準を定め, どのような行為を選択し, どのように
生きるのかを決めるのは彼ら自身にほかならない。

　自己と他者のどちらを優先するのかという道徳的な葛藤の場面に生活
のなかで児童生徒はしばしば遭遇するが, 彼らはどちらも重要であるこ
とを認めているにもかかわらず, その選択を迫られているために葛藤と
して受け取られることになるといえる。この場合, 自己と他者のどちら
を優先しても正しいといえるが, 彼らは自らの基準に従ってどちらかを
選択することになる。この例のように, 内容項目に示される道徳的価値
をすべて正しく重要だと理解することが求められているのではなく, そ
れらが正しく重要だとして, そのどれにプライオリティを置いた基準を
形作っていくのか, そしてその基準に基づいてどのような行為を選択し,
生き方を積み重ねていくのかを考えることが問われているのである。そ
してその基準は, つねに振り返り, 更新していくものでもある。それゆ
え, 道徳科においては, 内容項目に示される道徳的価値の間にどのよう

にプライオリティを置いてきた／いるのかを振り返り，価値判断の基準を更新していくことが求められているといえる。つまり，コンテンツとしての道徳的価値を身に付けることにとどまるのではなく，それらを身に付けたうえで，道徳的判断力，道徳的心情，道徳的実践意欲と態度を内実とする道徳性という資質・能力（コンピテンシー）によって，それらに序列をつけて，具体的な場面における主体的な判断とそれにもとづく行為ができるようになっていくことが求められているのである。

　このことは，道徳科において重点的な指導，内容項目間の関連を密にした指導，１つの内容項目を複数の時間で扱う指導などの指導を取り入れる工夫が求められていることにも通じていく。重点的な指導や１つの内容項目を複数時間で扱う指導が求められているのは内容項目が並列的でないことの表われと理解できる。もちろん，児童生徒が自らで判断することが目指されていることを教師が十分に意識しなければ特定の内容項目が他のものよりも重要であるという基準を押しつけることにもなり得るので注意が必要である。また，内容項目間の関連を密にした指導とは授業でいくつかの内容項目を扱うことにほかならないが，これは彼らが自らの基準がどのようなプライオリティの置き方になっているのかを振り返ることができる可能性が広がる一方で，単に内容項目を複数扱っただけにとどまってしまえば，彼らは混乱するだけになってしまうだろう。それゆえ，これらの指導の工夫は，内容項目の位置付けをきちんと理解した上ではじめて成立するものであることを確認しておきたい。

（2）内容項目の分類の視点

　内容項目は，道徳的価値を内容とするものを項目として示したものである。学年段階によって19〜22項目が示されているが，その分類の視点として，

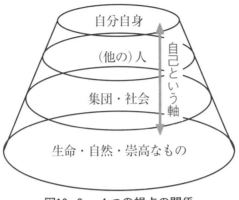

図10-6　4つの視点の関係

A　主として自分自身に関すること
B　主として人との関わりに関すること
C　主として集団や社会との関わりに関すること
D　主として生命や自然，崇高なものとの関わりに関すること

が示されている。そして，内容項目が相互に関連することを踏まえるならば，これらの視点もまた相互に関連していると考えるべきであろう。様々な捉え方があり得るが，図10-6のように考えることができるだろう。

　道徳科が自己という軸を中心に現在・過去・未来へと展開するものであったことから考えれば，内容項目もまた，自己という軸で，自分自身，人，集団・社会，生命・自然・崇高なものとの関係へと深まっていく（そしてまた自分自身へと戻っていく）と考えてよい。自己は，自分自身を振り返ることでその在り方を考えることが求められるが，自分自身だけを考えていても自己が何であるかは見えてこない。それゆえ，まずは身

近な人との関わりの上で自己がいかにあるべきかを問うことが求められる。とはいえ，身近な人との関係は身近であるがゆえに偏りが生じる。そのため，自分と身近な人が生活をしている集団・社会の在り方を考えながら，自己をどのように位置付け，関係付けるのかが問われることになるだろう。ただ，これらの人間の生活だけでは，ともすれば，私たちが生命や自然といったものの上に成り立っていることに気付かずに人間中心的な思考に陥ってしまうことがある。それゆえ，私たちの生活が生命や自然，そして崇高なものの基盤の上に成り立っていることを振り返りつつ，自分自身，人，集団・社会の在り方を問い直すことが必要であろう。このように自己の在り方を問い直すということは，自分自身，人，集団・社会，生命・自然・崇高なものを行き来しながら，自己を見つめ直すことにほかならない。

（3）内容項目の関連性と発展性

　小・中学校を通じて道徳科で扱う内容項目は「内容項目一覧」（巻末資料）に示されている。なお，内容項目には，「内容を端的に表す言葉」（左端が小学校，右端が中学校）が付されているが，ここで留意したいのは，この表の縦と横の関係，すなわち，関連性と発展性についてである。

　ここまで考えてきたように，たとえば，「親切，思いやり」に基づく行為は確かに大切なことであるが，それが「公正，公平，社会正義」の観点からみた場合に妥当性を欠くこともあるように，具体的な場面においてそれぞれの内容項目が関連し，そのうえでの判断が求められることに留意しておく必要がある。

　そして，もう１つの横の発展性の視点である。たとえば，「規則の尊重」，「遵法精神，公徳心」について，小学校低学年では約束やきまりを

守ること，中学年では約束や社会のきまりの**意義を理解し，守る**こと，高学年では法やきまりの**意義を理解**した上で**進んで**それらを**守る**こと，中学校では法やきまりの**意義を理解し**，それらを**進んで守る**とともに，その**よりよい在り方について考える**ことが示されている。規則について考えさせる際，ともすれば，それを守ることが重要であることのみに終始しがちであるが，発展性の視点を含みながら，各学年段階ごとの特性に従って進めていくならば，規則の意義を考えることやさらにはそのよりよい在り方にまで接続することを考慮した指導に必然的になっていくはずであろう。そしてこのことは，他の内容項目についても同様である。

引用・参考文献

走井洋一「道徳科における「主体的・対話的で深い学び」——教育目標の二重性と新しい社会を構築しようとする力」『道徳と教育』第337号，pp.99-108（日本道徳教育学会，2018年）

国立教育政策研究所「教育課程の編成に関する基礎的研究報告書5 ——社会の変化に対応する資質や能力を育成する教育課程編成の基本原理」(2013年)

文部科学省『生徒指導提要』(教育図書，2010年)

文部科学省『小学校学習指導要領（平成29年告示)』(東洋館出版社，2017年)

文部科学省『小学校学習指導要領（平成29年告示）解説　総則編』(東洋館出版社，2017年)

文部科学省『小学校学習指導要領（平成29年告示）解説　特別の教科　道徳編』(廣済堂あかつき，2017年)

文部科学省『中学校学習指導要領（平成29年告示)』(東山書房，2017年)

文部科学省『中学校学習指導要領（平成29年告示）解説　総則編』(東山書房，2017年)

文部科学省『中学校学習指導要領（平成29年告示）解説　特別の教科　道徳編』(教育出版，2017年)

文部科学省『高等学校学習指導要領（平成30年告示)』(東山書房，2018年)

文部科学省『高等学校学習指導要領（平成30年告示）解説　総則編』(東洋館出版社，2018年)

学習課題

1．道徳教育と道徳科の目標をまとめてみよう。
2．道徳科の特質に照らして，道徳科の授業をどのように行えばよいか考えてみよう。
3．内容項目の4つの視点の関係をまとめてみよう。

11 | 道徳科の指導法（1）

荒木寿友

《**目標&ポイント**》 道徳科の指導について，特に「考え，議論する道徳」が何を意味するのか提示する。従来の道徳教育と何が異なるのか，どのように取り組んでいくことで児童生徒の思考が深まっていくのかについて考察する。特に，道徳の教科書に掲載されている読み物教材をどのように分析し，そこからどのように発問を構成することで，「考え，議論する道徳」を展開できるのか考える。

《**キーワード**》 考え，議論する道徳，読み物教材の特徴，発問

1.「考え，議論する道徳」とは

　現在の道徳科の授業実践において，まず念頭に置かねばならないのが「考え，議論する道徳」というキーワードであろう。この重要なキーワードの原型は，今後の道徳教育の方向性について検討を行った2013（平成25）年の「道徳教育の充実に関する懇談会」の「今後の道徳教育の改善・充実方策について（報告）」に見い出される。そこでは，児童生徒の発達段階を踏まえて，下記のように道徳の授業を改善することが示された。

　　学年が上がって行くにつれ，道徳の時間において，一定の道徳的価値を理解させるための読み物の主人公の心情などを理解させるような授業だけでなく，たとえば，善悪の問題も立場によって見方が異なる場合もあることや，自分の思うようにならない複雑で困難な状況に遭遇したときにどのように対応すべきかなどについて，**多角**

的・批判的に考えさせたり，議論・討論させたりする授業を重視することが必要であろう（強調は筆者による）。

　この文言からわかるように，「考える」とは様々な角度からクリティカルに道徳的な問題を捉えていくことであり，それに基づいて他者とともに考える（「議論する」）ということが，今後の道徳授業の方向性として示されていたのである。

　翌2014（平成26）年，中央教育審議会答申「道徳に係る教育課程の改善等について」では，次のように道徳科の方向性を提示していた。

　　多様な価値観の，時に対立がある場合を含めて，誠実にそれらの価値に向き合い，**道徳としての問題を考え続ける姿勢**こそ道徳教育で養うべき基本的資質である（強調は筆者による）。

　この答申を受け，「特別の教科　道徳」（道徳科）が誕生したわけであるが，現行の中学校学習指導要領の『解説』では次のようにまとめられている。

　　発達の段階に応じ，答えが１つではない道徳的な課題を一人一人の生徒が自分自身の問題と捉え，向き合う『考える道徳』，『議論する道徳』へと転換を図るものである。

　従来の道徳の時間においては，ややもすれば，指導者側が伝えたいことがわかりきっているような，児童生徒が考える余地のない「教え込み」の道徳の授業をしていた可能性がある。それに対する反省として，児童生徒が道徳的な問題を自分に関わる問題として捉え，さらに他者との関わりを通じて道徳的な問題に向き合っていく道徳科の授業が目指されているのである。

　奇しくも，2015（平成27）年に学習指導要領が一部改正され「特別の教科　道徳」が生まれた時期と，アクティブ・ラーニングが提唱された時期（2012年中央教育審議会答申『新たな未来を築くための大学教育の

質的転換に向けて』の用語集）が重なるため，「考え，議論する道徳」についても，当初の大学教育で求められたような「活動ありき」の道徳の授業と誤解されることが考えられよう。つまり，グループで話し合い活動をすれば，それが「考え，議論する道徳」になるという誤解である。「浅い考え，深まらない議論」の道徳科授業にならないためにも，どのようにすればいいのであろうか。以下において，道徳の授業でよく用いられる読み物教材の特徴を踏まえた上で，道徳の授業における発問作りを考察し，「考え，議論する道徳」を実践するにあたっての道筋を示したい。

2. 道徳科における読み物教材の特徴

（1） 道徳的価値に基づいた物語

　多くの教科書を見てみると，その内容は読み物教材が大半を占めている。中にはかなり古い時代から使用され続けている読み物もあれば，新規に各教科書会社が作成したものもある。

　至極当然のことであるが，読み物教材はかならず何かしらの内容項目（道徳的価値）に結び付けて描かれている。たとえば小学校中学年の「雨のバス停留所で」という教材は「C-11　規則の尊重」という内容項目を扱う際の教材であり，高学年では「ロレンゾの友達」（B-10　友情，信頼），中学校であれば「二通の手紙」（C-10　遵法精神，公徳心）などが挙げられる。しかしながら，かならずしも1つの価値ではなく，複数の価値が隠れている場合も少なからず存在する。複数の価値がある場合は，そこに対立がないか，主人公や周りの人間が葛藤していないか，考えてみる必要がある。

　たとえば，「二通の手紙」は主人公が幼い姉妹を園内に入れてしまうという規則違反をしてしまったため懲戒処分を受けるという物語であるが，ここには「遵法精神」以外にも，幼き姉妹の生命の価値，その姉妹

のおかれている現状（母親の立場など），処分を下さなければならない上司の思いなど，様々な道徳的価値が含まれている。1つの道徳的価値（この場合は遵法精神）を伝達するのではなく，様々な道徳的価値の対立や葛藤を丁寧に押さえていくことによって，「考える道徳」が現実味を帯びてくる。

（2）道徳的価値に対する認識の変化

　道徳の読み物教材の2つ目の特徴として，話の前半と後半で大きな変化があることが挙げられる。前半部分はとくに大きな問題もなく通常通りの生活をする場面であるが，何かしらの問題が発生し，それに対して，登場人物の道徳的価値についての考え方に変化が生まれるのである。要するに，道徳的価値についての無自覚の場面から，道徳的価値について自覚的に考え始めるという場面へと変化するといえよう。その際に，変化が生じる場面では，キーとなる人物やモノが存在している。

　「雨のバス停留所で」という教材で考えてみよう。

あらすじ：主人公は雨の日にバスを待っており，先に来た人たちは商店の軒先で雨宿りをして，誰も並んでいるわけではない。主人公はバスがやってくるのが見えたときにいち早くバスに乗るために前に駆け出してしまう。それを見た母親が主人公を引っ張って後ろの方に連れて行くが，しばらくの間主人公は自分がなぜ母親に後ろの方に並び直しさせられたのかわからずにいる。しかし，母の厳しい顔を見て自分のした行動を考え直す。

　この話の場合，変化が生じたのは母親に連れ戻された場面であり，キーとなる人物が母親になる。ただし，主人公の認識がどのように変化したかについては物語中には述べられていない。つまり，主人公は「どうして先に並んではいけないのか」ということについて考え始めたという場

面でこの物語は終わっているために，主人公の「規則」についての認識がどのように変わったのかについて児童が考えていくことが，この教材を扱う際に中心になってくるのである。

　第三節で詳しく述べることになるが，実はこの物語の変化について考えていくことが発問を考えていく際の大きな鍵となる。

（3）登場人物が「反面教師」の教材

　数としては，それほど多いわけではないが，教材の中にはある出来事をきっかけに，それに対する主人公の軽はずみな行動や嘘などが重なり合っていき，物語の終盤では大変な状況になってしまっている物語も存在する。とりわけ，インターネットトラブルに関する教材では，SNS上での最初の配慮のない書き込みが徐々にエスカレートしていき，結果的に「大炎上」につながってしまうものや，そういった書き込みがSNS上だけではなく，リアルな生徒の日常生活に問題を引き起こすものもある。

　たとえば「許せないよね」（中学2年生：光村図書）では，主人公のペンがなくなったことに関するSNS上での匿名の書き込みに対する反応が，生徒の学校生活においても他者を巻き込んだトラブルに発展するという物語だ。この教材は，「A-1　自主，自律，自由と責任」という内容項目に結び付けられており，自らの言動に責任を持って生活することを学んでいく教材である。この内容項目に基づいて「責任を持って行動するとはどういうことか」ということを考えていく授業展開を考案することも可能である。他方において，トラブルが生じたそもそもの原因は何なのかという点から，問題解決的に情報モラル教育を展開することも可能であろう。

　このように，物語そのものがよい方向に向かわず終わっている場合

は，2つ目の特徴と同様に，どの場面においてそもそもトラブルが生じることになったのかを明らかにするとともに，そのトラブルが生じた背景には何があるのかについて児童生徒と考えるのも1つの方法であろう。

3．道徳科における発問について

（1）発問とはなにか

　教科教育における発問は，「答えを知っている人（教師）が答えを知らない人（児童生徒）に対して発する問い」を意味する。つまり，発問をするにあたって，そこに明確な「答え」が存在することが前提となっているのが教科教育における「発問」の基本的な考え方である。社会科においても国語科においても，発問をする以上は，到達させるゴールとしての「答え」が準備されているのが一般的である。

　では道徳科においても，同様の考え方に基づいて発問を捉えてもいいのであろうか。道徳科でも，もちろん明確な「答え」が存在する場合もある。教材を読み取っていくにあたり必要とされる場面発問が，それに該当する。しかしながら，必ずしも教師が到達点としての「答え」を準備しない，あるいはできない場合も存在する（児童生徒の反応を予想しないというわけではない）。というのも，道徳科において目指されているのは，児童生徒がよりよく生きていくために自分自身の価値観（道徳的価値に対する考え方）を形成していくことであり，教師の価値観を伝達することが目標ではないからである。すなわち，よさを求めて児童生徒が多様な「答え」を見つけ出していく必要があるのである。この意味においては，教科教育における発問とは異なってくるといえる。

　さて，道徳科での発問は主に「中心発問」「場面発問」「テーマ発問」「補助発問」に分類される。以下それぞれ見ていこう。

（2）中心発問

多くの教師を悩ませているのが，中心発問であろう。現在は教科書の使用に伴い，教科書に対応した指導書も準備されたことによって，中心発問をゼロから作る必要も過去に比べれば格段に減ったといえる。ここでは，どのように中心発問を作るのかに焦点を当てて考えてみたい。

中心発問とは，教材の中でもっとも考えてほしいところ（その授業のねらいに直結するところ）に焦点を当てた発問であり，教材から導かれる発問である。ただし，読み物教材を用いない場合は，後述のテーマ発問が中心発問になる場合もある。

先にも述べたように，道徳の読み物教材は前半部分と後半部分では登場人物の道徳的価値に対する認識が変わることが多い。つまり，登場人物の道徳的価値に対する認識が物語中で深まっていくように作られているのである。そしてそれは教材の中において明確に述べられていない場合もある。つまり，この価値に対する認識の変化を児童生徒に考えてもらうのが，中心発問であるといえる。

そのためには，まず，どの場面において認識の変化が生じたのか見極める必要がある。

たとえば，以下のような中心発問が考えられよう。

・教材中の「・・・・」という言葉を聞いて，「私」はどんなことを思いましたか？

・主人公はどのようなことに気付いたのでしょう？

・○○さんの行為を見て，主人公はどういうことを考えただろう？

・なぜ○○さんは黙ったままでいるのだろう？

これらの発問は，物語の変化が生じる前と後の比較に焦点を当てた発問になっている。

さて，前節第三項で取り上げた「反面教師」的な教材における中心発

問は，どのように考えればいいのであろうか。これについては，これまで述べてきたように，最終的な場面で登場人物の道徳的価値に対する認識が変化しそうであれば，それを中心発問にしても構わない。あるいは，「そもそもどの場面において問題が生じたのか」「それが問題であるのはなぜか」「解決するためにはどうすればいいか」という問題発見・解決を児童生徒に考えてもらうことも可能である。読み物教材の特徴に応じて中心発問を考えていく必要があろう。

　いずれにせよ，この中心発問が決まれば，その中心発問に向かわせていくための「布石」が必要となってくる。それが場面発問である。

（3）　場面発問

　場面発問は，読み物教材の「ある場面」について理解を促していくための発問である。教材を場面ごとに区切って，場面ごとの登場人物の心情や考えを押さえていくための発問であるといえる。いわば，一問一答型のクローズな発問であり，「正解」は教材の中から導かれることがほとんどである。

　では何に留意して場面発問を考える必要があるのであろうか。それは中心発問との連携である。中心発問は道徳的価値に対する認識が変化したところに着目して作成する旨を先に述べたが，まさにこの変化した場面を押さえるのが，場面発問の役割なのである。

　場面発問は，場面ごと，あるいは同じ場面でも複数作ることができるため，1つの読み物教材で多数作成することが可能である。実はここに場面発問の落とし穴があるといえよう。場面発問は教材を理解していくためには必須の問いであるが，この発問に終始する授業は，読み物教材の「読み取り」に陥ってしまう。つまり道徳科の目標にある「道徳的諸価値の理解」をすることができなくなってしまうのである。変化をもた

らすものは，登場人物の誰かかもしれないし，モノである場合もある。変化をもたらした場面を丁寧に読み取ることによって，中心発問がより効果的に働いてくるのである。

　読み物教材は，あくまで道徳的価値について考えていくための「きっかけ」を与えてくれるものであり，読み物教材を文学作品のように深く読み込んでいく必要はない。読み物教材を通じて道徳的価値について考えていくことが重要なのである。また，場面発問と中心発問だけの授業構成であれば，「読み物教材の登場人物の心情理解に偏った指導」に陥りやすい。いわゆる教材の「読み取り道徳」になってしまうのである。そこで必要となってくるのが，道徳的価値そのものについて考えていく「テーマ発問」である。

（4）テーマ発問

　テーマ発問とは，その授業で扱っている主題や道徳的価値（テーマ）そのものについて考えるための発問である。中心発問や場面発問が教材から導かれる発問であるのに対して，テーマ発問は教材から導かれるテーマや道徳的価値そのものについて考えていく発問である。教材の具体的な場面から離れることで，教材から「読み取る」価値解釈ではなく，「自分は道徳的価値をどう捉えるか」「道徳的価値についてどう考えるか」という視点が生まれやすい。

　テーマ発問を考えるにあたっては，学習指導要領の『解説』を参考にすることが常套手段である。なぜならば，解説には道徳的価値そのものについての考え方だけでなく，小学校低学年，中学年，高学年，そして中学校といった学年階梯に応じた捉え方が示してあるからである。必要に応じて，さらに書籍やインターネットなどで道徳的価値そのものについての理解を深めていくこともあるかもしれないが，まず最低限は『解

説』に示してあることを教師自身が理解し，どういったテーマで児童生徒と考えを深めていくのか把握しておく必要がある。

　では，具体的にテーマ発問とはどのような発問を指すのであろうか。たとえば

　　・「正しいこと」とは一体何だろうか？
　　・親切と迷惑の間にはどのような違いがあるのだろうか？
　　・公正な社会の実現とは，どのような社会を意味するのだろうか？
　　・友だちを大切にするとはどういうことだろうか？

といったものが考えられる。

　テーマ発問は，答えが明確に1つだけ提示されるものではない。むしろ，このような発問をしたならば，児童生徒はどんな反応をするだろうというような「先の読めない」「広がりのある」問いであることが望ましい。児童生徒の発する「答え」の背後にある考え方には，児童生徒の生活経験や実態が含まれていることも多々あり，教師が児童生徒の価値観を「教えてもらう」スタンスでテーマ発問を用意してほしい。テーマ発問はいわば，創造的な思考活動を促す問いであり，授業に取り入れることによって，「考える道徳」を促していくことにつながってくるのである。

（5）補助発問

　補助発問は，「揺さぶり発問」「問い直し発問」「切り返し発問」と呼ばれることもあるが，要するに児童生徒が有している考え方や認識に対して，「本当にそういえるの？」と彼ら／彼女らの常識や当たり前を改めて問うような発問を指す。つまり，補助発問とは従来とは異なった角度から物事を見ていくことによって自らの常識を捉え直し，思考力や論理力といった考える力を育成していくことを焦点に当てている。補助発問

は「補助」という言葉からもわかるように，あくまで児童生徒とのやり取りの中での補助的な役割を果たすものであるが，児童生徒の認識を揺さぶるためには必要なものである。しかしながら，やり取りの中で自然発生的に生じることも多々あるため，事前に準備しておくことが難しいもの事実である。ここでは，児童生徒の常識を問い直すという点に焦点を当てて考えてみたい（それ以外の補助発問については次章で扱う）。

　たとえば，先に示した「雨のバス停留所で」を例に考えてみよう。一般的にこの物語は，主人公がバス停での規則を守れていないということに焦点を当てて授業が展開されるが，果たして主人公は明らかな規則違反をしていたのであろうか。主人公はすでに人が並んでいるところに割り込んだわけではない。誰もいなかったから先頭へ走っていっただけの話である。つまりこの物語は「規則の尊重」の教材ではあるが，明確に規則を破った物語ではないのである。しかし，多くの児童は主人公は規則違反であるという意見を述べる。そういった場合に，「果たして主人公は本当に規則を破っているの？　誰も並んでいなかったんですよ」という揺さぶりをかけるのが補助発問の役割である。これによって規則とマナーの違いを児童は意識することが可能になり，さらに深く規則とマナーについて認識を深めていく，あるいは雨の日のバス停において必要とされる規則について考えることができるのである。

　このように，児童生徒が「常識」と思っていることに対して，異なった角度からの解釈を提示することで，多様な角度から物事を考えることが可能になってくる。

4. 「よりよく生きる」ための大前提

　さて，最後に道徳の授業をするにあたって留意すべきことを提示しておきたい。道徳の授業では「答えは１つではない」という表現がなされ

ることが多いが，これは決して，「道徳の答えはどのようなものであっ
てもいい」ということを意味するわけではないということである。

　学習指導要領第一章総則において，「道徳教育を進めるに当たっては，
人間尊重の精神と生命に対する畏敬の念を家庭，学校，その他社会にお
ける具体的な生活の中に生かし」と明記されている。つまり，「人間尊
重の精神と生命に対する畏敬の念」が大前提となっており，これらの価
値を脅かすような「よりよい生き方」は厳に否定されなければならない。
他者の生命を奪ったり，自他の権利を侵害したりすることで，自らのよ
い生き方を追求することは，断じて許容できるものではない。道徳科の
授業をするにあたっての大前提として，生命を大切にすること，人権を
大切にすることは，児童生徒と共有しておきたい。

引用・参考文献

荒木寿友『ゼロから学べる道徳科授業づくり』（明治図書，2017年）
道徳教育編集部編『考え，議論する道徳をつくる新発問パターン大全集』（明治図
　書，2019年）
吉田誠，木原一彰編著『道徳科初めての授業づくり：ねらいの8類型による分析と
　探究』（大学教育出版，2018年）

1．教科書に掲載されている読み物教材の中から1つ選び，登場人物の
　道徳的価値に対する考え方が変わった箇所を見出して，中心発問と場
　面発問を作ろう。

2．1の教材から導かれるテーマ発問を考えよう。

3．1の授業展開から考えられる補助発問を3つ準備しよう。

12 | 道徳科の指導法（２）

荒木寿友

《**目標＆ポイント**》 道徳科の指導について，「質の高い３つの指導法」を中心に解説を加えるとともに，モラルジレンマ授業や他の道徳教育について概説し，読み物教材以外の指導法についても紹介する。
《**キーワード**》 質の高い３つの指導法，モラルジレンマ，探究的道徳

1. 道徳科における質の高い多様な指導方法

　2016（平成28）年，「道徳教育に係る評価等の在り方に関する専門家会議」（以下専門家会議）は，「『特別の教科　道徳』の指導方法・評価等について」（報告）を提出した。この会議は道徳が教科化を迎えるにあたり，どういった指導法が効果的なのか，また道徳科の評価をどのように実施していくのかについて議論した会議であり，「報告」では質の高い指導法として３つが提示された（巻末資料参照）。ただし，あらかじめ断っておかねばならないのは，これらは指導の「型」ではないということであり，また指導方法がこれら３つに限定されるわけではないということである。専門家会議も「指導に当たっては，学習指導要領の趣旨をしっかりと把握し，指導する教師一人一人が，学校の実態や児童生徒の実態を踏まえて，授業の主題やねらいに応じた適切な工夫改良を加えながら適切な指導方法を選択することが求められる」と述べているように，あくまで学習指導要領に則りながら，教師が児童生徒の実態を把

握した中で創意工夫を凝らした授業を展開することが重要である。

（1）読み物教材の登場人物への自我関与が中心の学習

　まず1つ目に挙げられているのが，「読み物教材の登場人物への自我関与が中心の学習」である。この学習については，以下のようにその趣旨がまとめられている（専門家会議, 2016）。「教材の登場人物の判断や心情を自分との関わりにおいて多面的・多角的に考えることを通し，道徳的諸価値の理解を深めることについて効果的な指導方法であり，登場人物に自分を投影して，その判断や心情を考えることにより，道徳的価値の理解を深めることができる」。

　ここでいう自我関与とは，哲学や心理学において用いられる「自我」（ego）というよりは，自分との関連の中で道徳的価値について捉えていくこと，私事（自分事）として読み物教材の登場人物に関わる中で，登場人物の判断や心情に深く関与し，それによって道徳的価値の理解を促していくことであるといえる。

　具体的な指導方法については巻末の資料を参照してほしいが，この指導法の大きな特徴は，物語の登場人物と児童生徒自身を積極的に関わらせることにある。発問の例として取り上げられているものを見てみよう。

　　・どうして主人公は，〇〇という行動を取ることができたのだろう（又はできなかったのだろう）。
　　・主人公はどういう思いをもって△△という判断をしたのだろう。
　　・自分だったら主人公のように考え，行動することができるだろうか。

　これらの発問は，第11章の発問の分類に照らし合わせると，中心発問に該当するものである。前章でも述べたように，中心発問は読み物教材を理解するためには必要な発問であるが，教材から離れることが難しいという点で限界がある。つまり，登場人物を介して道徳的価値を理解す

ることは促される一方で，道徳的価値そのものについて洞察する発問ではないといえる。

　実は，興味深い提言が，専門家会議報告の前年である2015（平成27）年に中央教育審議会によってなされていた。中央教育審議会の教育課程企画特別部会が提出した「論点整理」では，今後の「考え，議論する道徳」への質的転換に向けて，下記のように述べられていた。

　　　実際の教室における指導が読み物教材の登場人物の心情理解のみに偏り，『あなたならどのように考え，行動・実践するか』を子供たちに真正面から問うことを避けてきた嫌いがある（中略）このような言わば『読み物道徳』から脱却し，問題解決型の学習や体験的な学習などを通じて，自分ならどのように行動・実践するかを考えさせ，自分とは異なる意見と向かい合い議論する中で，道徳的価値について多面的・多角的に学び，実践へと結び付け，更に習慣化していく指導へと転換することこそ道徳の特別教科化の大きな目的である。

　驚くべきことに，この「論点整理」では，むしろ「読み物道徳」からの脱却が示されていた。では，なぜ2016年の専門家会議では，改めて読み物教材の登場人物への自我関与という学習が提起されたのであろうか。

　おそらくは，従来から実践されてきた道徳の授業のほとんどが，読み物教材でなされてきたという既成事実を踏襲したことが考えられる。数年後の道徳科の完全実施を控えて，読み物教材を除外してしまえば，教育現場に大きな混乱をもたらすのは想像に難くない。現実的な路線として読み物教材を残した上で，それが単なる心情理解（気持ちを問うだけの道徳の授業）に偏らないために，積極的に我が事として道徳的価値を理解していくことをねらったといえる。

（2） 問題解決的な学習

　2つ目の指導法として提示されているのが，「問題解決的な学習」である。かつてデューイ（J. Dewey）が「問題解決学習」として提起し，日本においても戦後新教育，とりわけ社会科の「生活単元学習」で実践された教育手法である。では，問題解決学習と道徳科で展開される問題解決的な学習はどう異なるのであろうか。

　問題解決学習は，児童生徒が社会生活を送る上で興味や関心，疑問が出発点となり，そこにある「問題」を仮説を立てながら主体的に解決していく手法である。問題解決学習的な学習も基本的には変わらないが，問題解決学習が「社会的な問題」を対象としたのに対して，問題解決的な学習は，あくまで「道徳的な問題」に焦点を当てるという点で異なる。専門家会議は問題解決的な学習について，次のように示している（専門家会議，2016）。「児童生徒一人一人が生きる上で出会う様々な道徳的諸価値に関わる問題や課題を主体的に解決するために必要な資質・能力を養うことができる」。

　このように，道徳科においてはあらゆる問題を扱うわけではなく，道徳的価値に関する問題に焦点を当てることに留意している。そういった意味において問題解決学習と区別化を図っている。というのも，道徳的価値に焦点を当てない問題解決は，その場をどうやって切り抜けていくかという解決方法を探るだけのものになってしまう可能性があるからである。問題解決の道だけを探ってしまうと，道徳科の目標に明記されている「道徳的諸価値の理解に基づき」という点が等閑視されてしまう可能性があるのだ。

　専門家会議は問題解決的な学習における発問の一例を，以下のように示している。

　・何が問題になっていますか？（道徳的問題場面の確認）

・あなたが同じ場面に出会ったらどうしますか？　なぜそのように考えるのですか？（根拠）
・その道徳的価値を実現するためには，どういう方法が考えられますか？（問題解決の方法）
・なぜその道徳的価値は大切なのですか？（道徳的諸価値の理解）

　この発問例からもわかるように，問題解決的な学習においては読み物教材の登場人物への自我関与にとどまらず，自分であればどうするのか，どのように解決していくのかという点に焦点を当てた授業展開が考えられている。ただし，読み物教材を用いる以上，児童生徒は教材から導かれる範囲内での問題設定にならざるをえない点で限界はある。しかしながら，児童生徒が主体となり道徳的な問題を解決していく方法について考えていくことは，現実世界を生きていく上で少なからず好ましい影響を与えていくであろう。

（3）道徳的行為に関する体験的な学習

　3つ目に取り上げられているのが，「道徳的行為に関する体験的な学習」である。専門家会議は体験的な学習について次のように述べている（専門家会議，2016）。

　　役割演技などの体験的な学習を通して，実際の問題場面を実感を伴って理解することを通して，様々な問題や課題を主体的に解決するために必要な資質・能力を養うことができる。
　　問題場面を実際に体験してみること，また，それに対して自分ならどういう行動をとるかという問題解決のための役割演技を通して，道徳的価値を実現するための資質・能力を養うことができる。

　体験的な学習を道徳の授業に取り入れる利点として，「実感を伴った理解」が挙げられよう。読み物教材の中の台詞を聞くだけでは，そのリ

アリティが伝わりにくいこともある。たとえば感謝の言葉を伝えること，謝ることなど，文字情報として理解するよりも，実際に声に出してその場面を演技をしてみた方が，実感を伴いやすい。あるいは，物語中には描かれていない登場人物の台詞や行為などを，児童生徒に推測させて演技させてみることも効果的である。このような役割演技をする際には，教師が小道具を準備して，よりリアリティを持たせるのも１つの手段である。

　体験的な学習を取り入れる際に大切なことは，一連の行為が単なる「体験」となってしまわないことである。重要なことは，体験的な学習を通じて道徳的価値の理解を一層深めることであり，児童生徒が自分自身の価値観を形成し道徳性を高めていくことである。そのためには，体験したことを意味付けたり，その意味を吟味したり，構造化すること，いわゆる「体験の経験化」が必要である（上田，2020）。ふりかえりの時間を活用するなどして，行為と道徳的価値との結び付きを意識させるようにしたい。

2．モラルジレンマ授業の展開

（1）モラルジレンマ授業とは

　第７章で取り上げたコールバーグは，道徳性を発達させる手法としてジレンマ・ディスカッションを考案した。これを日本の道徳の時間で活用できるように「モラルジレンマ授業」としてパッケージ化したのが，道徳性発達研究会（日本道徳性発達実践学会）である。1980年代後半から広く実践され，大きな影響を与えている（荒木，2017）。

　モラルジレンマ授業とは，最終的な結論が描かれていないオープン・エンドの道徳的価値葛藤を含んだ物語を用い，児童生徒が討論を通じて道徳性（正義に関する思考の形式）を発達させていく授業である。多く

のモラルジレンマ授業では，２つの道徳的価値が対立するように描かれており（たとえば「友情と正直」や「生命と法律」，「責任と信頼」など），どちらの道徳的価値を優先的に考えるべきなのか児童生徒に価値葛藤させる。たとえば「南洋のキラ」という教材では，過疎の島の発展のために産業を起こしたい村長のキラのもとに，島の開発という話が舞い込んできた物語である。キラは開発をして島を発展させ豊かにしたいが，一方で豊かな自然に恵まれた島には大きな代償が払われる可能性が高い。キラは島の開発にどう対処するかという葛藤状況（「郷土を愛する態度」か「自然愛護」）におかれるのである（荒木，1996）。

　このように，モラルジレンマでは対立する価値が描かれた物語によって児童生徒の思考に認知的不均衡を生じさせ，よりよい価値の捉え方(均衡化)ができるように思考を巡らせることで，道徳性が発達する。なお，コールバーグの主張するジレンマとは，「痩せたいけど食べたい」や「遊びたいけど勉強しなければならない」といった欲求の葛藤，価値・反価値の葛藤ではなく，あくまで２つの価値を巡って「どうすべきか」を問う道徳的価値についての葛藤である（荒木，1996）。

（2）モラルジレンマ授業の実際

　モラルジレンマ授業は，基本的には１つの主題について２時間の枠を使って実践される（１主題２時間：ただし宿題として読み物を読んできてもらうなどして１時間で実施する例もある）。最初の１時間はモラルジレンマ資料を読み取り，個人的な解釈ではなくクラス全体で状況の共通理解を図り，どういった葛藤状況に置かれているのか把握する。そして，第一次判断理由付けを行う。

　２時間目は，ジレンマ教材を再度確認してから，自分以外の児童生徒がどのような判断理由付けをしているのか確認し，モラルディスカッ

ションに入っていく。そして，他者の考えによって改めて自分の考え方を捉え直し，「主人公はどうすべきであるか」についての第二次判断理由付けを行う。

このようなモラルジレンマの授業展開は，4つの段階を経るとされている（荒木，2017）。第1段階では，モラルジレンマの共通理解を図り第一次判断理由付けをすること，第2段階では他者の考えを踏まえて自分の考え方を明確にすること，第3段階はモラルディスカッション，そして第4段階が第二次の判断理由付けを行うことである。

モラルジレンマ授業は，教材そのものが魅力的なこともあり，児童生徒は積極的に授業に参加しやすい。またモラルディスカッションが中心となるために，そこに時間をかけやすい。ただし，上記の4つの段階を教師が意識して実践しない場合，児童生徒が独自の教材解釈を行ってジレンマ状態にならなかったり，あるいは道徳的価値に焦点が当たらないディスカッションになってしまったりすることもある。

ではモラルディスカッションがより効果的になされるために，どのような教師の発問が考えられるのであろうか。

（3）モラルジレンマ授業における発問

モラルジレンマ授業では，主に4つの発問が考えられている（荒木紀幸ら，2012）。それは1．役割取得を促していく問い，2．行為の結果を類推する問い，3．認知的不均衡を促す問い，4．道徳的判断を求める問いである。4については「主人公はどうすべきか」という判断理由付けを問う発問であるので，ここでは他の3つについて概説しよう。

1の役割取得を促していく問いとは，他者の立場に立って物事を考えるための問いである。たとえば「Aの立場であればこう考えるけど，それを知ったBはどう考えるだろう？」という発問が該当する。主人公，

他の登場人物，学校，地域など物事を考える際に様々な立場を考慮する必要がある。この問いによって，児童生徒に多様な立場から考えることを促していく。

2の行為の結果を類推する問いは，何かしらの行為の結果，どういったことが生じるのか児童生徒に考えさせる発問である。たとえば「もし〜したならば，どうなるだろう？」という発問がこれに当てはまる。その場しのぎの考えではなく，結果どうなるのかを類推させることで，児童生徒は自らの考えをより精緻に考えていくことができる。

3の認知的不均衡を促す問いとは，児童生徒の考えとは矛盾・対立することを教師側から投げかけることで，児童生徒の考え方の限界や常識，当たり前に気付かせていく問いである。第11章で述べた補助発問もこれに該当する。

これらの発問をモラルディスカッションの際に駆使して使用することにより，児童生徒は様々な立場から物事を捉えたり，物事の常識を改めて捉え直したりすることが可能になる。それが児童生徒の道徳性発達を促すのである。

3．様々な道徳の授業

（1）道徳的知の探究学習（探究的道徳）

道徳的知の探究とは，国際バカロレア（IB : International Baccalaureate）教育の「知の理論」（Theory of Knowledge: TOK）の手法を道徳教育に援用した新しい道徳教育である（荒木，2019）。知の理論では「私が知っていること」（個人の知識）と「私たちが知っていること」（共有された知識）とを区別し，知識そのものについて深く探究していく中で論理的に物事を捉えたり，批判的に考えたりする力を育成する。これを道徳に援用することで，「私の道徳的価値観」と「私たちの道徳的価値

観」が異なっていることを明確にし，自分自身が当たり前と捉えている道徳的価値観を改めて捉え直し，児童生徒が新たな道徳的価値観を再構成していくことをねらいとしている（ここでいう道徳的価値観とは，道徳的価値に対する捉え方や解釈，またそれに基づいた信念などを意味する）。

　この探究的道徳では，答えに広がりがあるような問いに基づいて，授業が展開される。たとえば「本当の優しさとは何か」（思いやり，感謝），「大人と子どもの境界線はどこか」（自主，自律，自由と責任），「この世の中に笑いは必要か？―あなたは何を笑いますか？―」（よりよい学校生活，集団活動の充実）などである（荒木，2019）。これらのテーマそれぞれに基づいた短い動画や物語が複数準備されるが，たとえば「笑い」に関しては，「微笑み」「爆笑」「嘲笑」といった笑いの質の異なる動画を準備し，それぞれを児童生徒に見せた後に，「笑えることと笑えないことの違い」について探究していくのである。

　授業は一般的に以下のような流れで行われる（荒木，2019）。

①「問い」から「個人の主張（ファーストアンサー）」を作成する。

　まず，自分自身がどのように捉えたのかを明確にする。いわゆる「熟慮する時間」の確保である。この時間を確保することによって，個人の主張の背後にある理由付けを明らかにするのが目的である。

②「意見の共有」（グループディスカッション）をする。

　自分の意見と他人の意見を共有し，自分の意見とは異なる意見に触れることで，「主張を述べる→主張を聞く→新しい価値観に触れる→新たな主張ができる」という思考のサイクルを作り上げていく。

③「意見の共有」を整理する。

　②においてディスカッションされたものを，改めてまとめ直していくための時間である。拡散された思考を収斂していくための時間であり，

俯瞰的に自分たちの考えを見つめ直すために行われる。

④「個人の主張」を再構築する。

　ファイナルアンサーとして「個人の主張」を再度行う。グループで意見を共有したことにより，新たな価値観や考え方に触れたことで，さらに多面的・多角的に価値を捉えることが可能になっている場合が多い。

⑤グループ発表をする。

　このグループ発表は，グループで１つの意見にまとめたものを発表するのではなく，このグループではこのような意見が出たということを広くクラスで共有するために行われる。

⑥新たな気づき，学び，疑問を記入し，自己評価をする。

　探究的な道徳のもっとも大切な点は，新たな問いが生まれることである。児童生徒が単に授業を振り返るだけではなく，問いを生み出すことによって児童生徒の思考はより深まっていく。

　このように，探究的道徳では他者の意見を踏まえることによって自らの当たり前や常識を見つめ直し，個人の道徳的価値観をより深めていくことを目指している。道徳的価値について探っていくだけでなく，新たな問いの発見までを含めて探究的道徳なのである。

　さて上述した探究的な道徳以外にも，本質的な事柄に焦点を当てて対話を行う道徳がある。それはp4c（philosophy for children：子どものための哲学）を用いた授業である。紙幅の関係上詳しく述べることはできないが，この取り組みでは最初の問いも児童生徒から発せられる場合が多い。たとえば「なぜ，先生の言うことは聞くのに，友だちの言うことは全然聞かないのか？」という生徒からの問いに基づいて授業が展開され，対話を通じて思考を深めていく（p4c みやぎ，2017）。

（2）絵本や歌，ポスターなどを用いた道徳科の授業

　道徳で用いられる教材は，教科書に限ったものではない。学習指導要領（2017）では，「児童生徒の発達の段階や特性，地域の事情等を考慮し，多様な教材の活用に努めること」と述べられ，また『解説』（2017）においても，「教材の開発に当たっては，日常から多様なメディアや書籍，身近な出来事等に関心をもつとともに，柔軟な発想をもち，教材を広く求める姿勢が大切である」と記されている。道徳の教科書は使用義務がある一方で，教科書（あるいは内容項目）を補助する役割として他の教材を準備することは妨げられていない。教科書の内容と児童生徒の実態が合わない場合や，より優れた地域教材がある場合もあるからだ。では道徳の授業に用いることができる教材にはどのようなものが考えられるだろうか。

　たとえば多賀は，絵本を用いた道徳の授業を考案している（多賀，2018）。絵本は絵と物語の相乗効果で児童生徒を強く惹きつける。また絵本は子どもの実態に合わせて描かれているものが多く，内容項目に結び付いたメッセージを伴っているものも多い。しかし，ただ単に読み聞かせをするのではなく，道徳科の授業として使用するならば，絵本を通じて何をどう考えさせたいのか，焦点を明確化することが必要となる。

　柴田はJ-POPに着目し，道徳の授業を多数提案している（柴田，2014）。歌は児童生徒にとって大変身近なものであり，感情移入しやすいという利点があるだけでなく，歌詞の中に出てくる登場人物の立場に立ち，「自分だったらどうするだろうか」（自我関与）ということを考えやすくなる。また児童生徒の日常生活で，授業で扱った曲を偶然にも耳にした際に，再び授業中に考えたことを思い出すというメリットもある。しかし，曲の持つ力が強いため，道徳の授業として何をねらいとするのか曖昧になった授業を展開してしまうと，的が絞れない散漫な授業に

なってしまうこともある。

　日常にあふれる素材で道徳の教材になりうるものとして，ポスターが挙げられよう。たとえば，泣いた小鬼が描かれ，子どもの拙い文字で「ボクのおとうさんは，桃太郎というやつに殺されました」（作品名：「めでたし，めでたし？」2013年新聞広告クリエーティブコンテスト最優秀作品）という言葉が書いてあるポスターを用いて，道徳の授業を実践した例もある（荒木，2017）。通常，桃太郎の物語は桃太郎の視点で描かれているが，このポスターは子鬼

図12-1　山崎博司，小畑茜「めでたし，めでたし？」
©日本新聞協会2013年「新聞広告クリエーティブコンテスト」受賞作品

の視点で描かれている。視点を変えることによって物事の捉え方が変わることを知り，多面的・多角的に正しいこととは何かということについて思考を深めることができる。

　これ以外にも，日常生活には教材になり得る様々な資料が溢れている。インターネットの動画サイト，ニュース，漫画やアニメ，CMやドラマ，映画のワンシーンといった公共性のあるものから，教師自身が日々の生活の中で写真や動画に撮ったものも道徳の教材になりうる。

　日常生活で見つけた単なる「素材」でしかないものを道徳の授業で用いるために教材化できるかどうかは，授業を実践する教師の力量に大きく左右される。道徳教育を実践する人間として，日常生活にアンテナを張り巡らせ，単なる素材を「教材化する視点」を持ち合わせる必要があ

るだろう。

引用・参考文献

荒木紀幸著『モラルジレンマ授業の教材開発』（明治図書，1996年）

荒木紀幸監修，道徳性発達研究会編『モラルジレンマ教材でする白熱討論の道徳授業　小学校編』（明治図書，2012年）

荒木紀幸編著『中学校新モラルジレンマ教材と授業展開』（明治図書，2017年）

荒木寿友『ゼロから学べる道徳科授業づくり』（明治図書，2017年）

荒木寿友「『考え，議論する道徳』の授業づくり（第10回）」『道徳教育2018年1月号』（明治図書，2017年）

荒木寿友編著『未来のための探究的道徳』（明治図書，2019年）

上田信行『プレイフル・シンキング　決定版』（宣伝会議，2020年）

柴田克『J-POP で創る中学道徳授業』（明治図書，2014年）

多賀一郎編著『絵本を使った道徳授業の進め方：指導項目を踏まえたすぐに役立つ19実践』（黎明書房，2018年）

p4c みやぎ・出版企画委員会『子どもたちの未来を拓く探究の対話「p4c」』（東京書籍，2017年）

文部科学省『小学校学習指導要領（平成29年告示）』（2017年）

文部科学省『小学校学習指導要領（平成29年告示）解説　特別の教科　道徳編』（2017年）

学習課題

1．質の高い3つの指導法の特徴をまとめてみよう。

2．モラルジレンマの授業を実施する利点と留意点について考えてみよう。

3．日常生活を見つめ直して，道徳科の教材となるものを発見してみよう。さらにその教材を用いて授業をデザインするならどういうものになるか，考えてみよう。

13 | 道徳教育の評価

| 林　泰成

《**目標＆ポイント**》　道徳教育における評価とはどのようなものだろうか。道徳教育に係る評価等の在り方に関する専門家会議の報告書などに基づき，道徳科の評価の基本的な考え方を検討し，さらに，学校の教育活動全体を通じた道徳教育の評価方法について考察する。
《**キーワード**》　評価，オーセンティック評価，評価の視点，指導要録，通知表

1. 道徳教育と評価

（1）学習指導要領における規定

　小学校学習指導要領の「第3章　特別の教科　道徳」には，評価に関して次のように記されている。

　「児童の学習状況や道徳性に係る成長の様子を継続的に把握し，指導に生かすよう努める必要がある。ただし，数値などによる評価は行わないものとする」

　中学校版でも，児童が生徒に置き換えられているだけで，同じ文言がある。

　たしかに，道徳性に関して，点数で評価することは難しい。しかし，絶対にできないことかといえば，そうでもない。実際には，複数の道徳性検査が市販されている。そうしたものを使って，児童生徒の道徳性を

測定し，比較することもできる。だが，それが，子どもの道徳性のすべてだといわれると，多くの者が違和感を覚えるであろう。

　道徳性を測ることは学力を測定することとは大きく異なる。学力に関して点数が低くても，「それでも人間として立派だ」というような評価はあり得るが，道徳性の点数が低いということは，人間としてダメだという評価になってしまうようにも思われる。そんなことをいわれれば，「点数で評価すること自体がおかしい」といいたい気持ちになるであろう。だからこそ，教科化以前から，道徳教育では，数値による評価はしないことになっている。

　しかし，一方で，教育の効果を見るためには，子どもの学びがどの程度達成されたかを見取る必要がある。また，道徳科授業として子どもたちに適切な教育内容を提供できているかどうかを確認する意味で，授業そのものの評価も必要である。

（２）目標と評価

　評価は，一般に，目標に照らして行われる。道徳科の目標は，「第1章総則の第1の2の（2）に示す道徳教育の目標に基づき，よりよく生きるための基盤となる道徳性を養うため，道徳的諸価値についての理解を基に，自己を見つめ，物事を多面的・多角的に考え，自己の生き方についての考えを深める学習を通して，道徳的な判断力，心情，実践意欲と態度を育てる」（小学校学習指導要領）とあるから，方法に言及している部分を省いて考えるにしても，少なくとも，道徳性を養うこと，道徳的諸価値について理解させること，道徳的な判断力，心情，実践意欲と態度を育てることが達成されなければならないといえる。

　表面に表れた行動なら，それが道徳的かどうかを評価できるかもしれない。しかし，思いやりがあると思われる行動も，もしかすると，周り

から称賛を得たいという利己的な思いに導かれた行動であるかもしれない。それでは，道徳性という内面的なものを評価したことにはならないだろう。

逆に，内面的な心情の変化の語りや，涙を流すような状況を観察することによって，豊かな心の変化を見取るとしても，今度は，それが日常の行動の変化につながるかどうかは見えないということにもなりかねない。授業中には理想的な答えを口にする子どもが，日ごろの生活の中でそうした理想的な行動をしてはいないというようなことは往々にして見受けられることである。

このように，外面的な行動と内面的な心の両方を評価の対象として考えなければならないという意味で，道徳教育の評価はとても難しい。

（3）診断的評価・形成的評価・総括的評価

1960年代にB．S．ブルームが唱えた完全習得学習という考え方がある。これは，学習者全員に教育内容を完全に学習させることを目指す理論・方法であり，できる子とできない子の差は，学習者個人の資質によるのではなく，その学習者にとって必要な時間をかけなかったことによる，という考え方に基づくものである。

この考え方では，次のようなプロセスで指導が行われる。

①最初に診断的評価を行い，学習者のレディネス（準備性）を個人ごとに把握する。

②単元の学習目標を提示して指導を行い，その後，形成的評価を行って，各人の到達度をフィードバックする。

③形成的評価に基づいて，一斉指導の方法を修正したり，個人や少人数のグループを対象に補充学習に取り組ませたりする。

④各単元の学習が終了した後に，総括的評価を行う。

　診断的評価とは，指導の前に，学習者の状況を把握するために行う評価である。基礎学力テストや適性テストなどがそれに当たる。

　形成的評価とは，指導の途中で行われる評価である。学習者や教師にフィードバックされて，学習を促す。

　総括的評価は，学習の終了時に行う評価である。今の学校制度の中では，中学校において実施されるような定期テストがそれに当たるといえるだろう。学習者の最終的な学習成果を把握し，同時に，教育内容や指導法の適切性を評価するものである。

　こうした完全習得学習は，現在の学校教育において求められる資質・能力の開発や，心の問題を扱う道徳教育にとって，有効かどうかは議論の余地がある。なぜなら，完全習得学習は，教育目標を具体化することが可能なスキル中心の学習の場合に有効な指導法だと考えられているからである。

　しかし，そこで唱えられている診断的評価・形成的評価・総括的評価という考え方は，道徳科授業にとっても，大きな意味があると考えられる。授業前に，診断的評価によって子どもの状態が把握されていなければ，授業の目標や内容を定められないし，途中での理解の程度が形成的評価によって確認できなければ，授業中の指導が効果的かどうかもわからず，最終的な総括的評価が無ければ，単元ごとの指導の効果がわからないからである。

　また，ある単元の総括的評価は，次の単元の診断的評価として利用できる。さらに，複数単元で捉えれば，単元ごとの総括的評価は同時に形成的評価としても捉えられる。

　評価は，子ども自身にとっても自らの到達地点を理解するために必要なものであるが，同時に，教師が授業を計画するためにも，その授業が目標に照らしてどのように効果を発揮しているのかということを考える

上でも必要なものなのである。

2．道徳科における評価

（1）専門家会議報告書における道徳科の評価

　道徳の教科化に際して，文科省内に，道徳教育に係る評価等の在り方に関する専門家会議が設けられ，評価の在り方についての議論がなされ，「「特別の教科道徳」の指導方法・評価等について（報告）」（2016（平成28）年7月22日）と題された報告書が出された。

　この報告書では，道徳科の評価の在り方について，主要なものを列挙すれば，次のようなことが述べられている。

①「観点別評価（学習状況を分析的に捉える）を通じて見取ろうとすることは，児童生徒の人格そのものに働きかけ，道徳性を養うことを目的とする道徳科の評価としては，妥当ではないこと」

②「数値による評価ではなく，記述式とすること」

③「個々の内容項目ごとではなく、大くくりなまとまりを踏まえた評価とすること」

④「他の児童生徒との比較による評価ではなく、児童生徒がいかに成長したかを積極的に受け止めて認め、励ます個人内評価として行うこと」

⑤「学習活動において児童生徒がより多面的・多角的な見方へと発展しているか、道徳的価値の理解を自分自身との関わりの中で深めているかといった点を重視すること」

⑥「道徳科の学習活動における児童生徒の具体的な取組状況を一定のまとまりの中で見取ること」

少しばかり説明を加える。

他の教科・領域では，観点別評価が用いられるが，しかし，①に示さ

れているように，道徳科では，資質・能力の３つの柱や，道徳的判断力，心情，実践意欲と態度のそれぞれについて分節化して評価することは妥当ではないとされている。けれども，⑤に示されているように，「より多面的・多角的な見方へと発展しているか，道徳的価値の理解を自分自身との関わりの中で深めているか」というような視点は，残されている。

とりわけ，「道徳的価値の理解を自分自身との関わりの中で深めているか」という視点は，これまでの道徳の時間では，登場人物の気持ちを追いかけるような心情重視の授業方法が一般的であったことから，登場人物の心情を考えるだけではなく，自分事として考えさせる必要性が強調されているものと解される。報告書では，指導方法に言及されている箇所で「自我関与」という表現も使用されている。

また，③の「大くくりなまとまりを踏まえた評価」というのは，友情とか，親切とか，個々の道徳的価値ごとに評価するのではなく，複数の道徳的価値をまとめて，したがって，複数時間の学びをまとめて，たとえば，学期ごととか，場合によっては一年間をまとめて，評価することを意味している。

④の「励ます個人内評価」では，他者との比較による相対評価[1]ではなく，一個人の成長を積極的に見取ることが強調されている。さらに，その評価が，同時に，励ましになるように，すなわち，評価が指導方法にもなるように企図されている。

（２）評価のための工夫

以上のような評価を行う場合，具体的な工夫として報告書で挙げられているのは，従来行われてきた「観察や会話による方法，作文やノートなどの記述による方法，質問紙などによる方法，面接による方法など」の他，ポートフォリオ評価，エピソード評価，パフォーマンス評価など

---

1)　相対評価は，学習者集団内における個人の学力の相対的位置を表す評価である。対義語は絶対評価である。絶対評価は学習者がどの程度目標を達成したかを測る評価である。

である。

　ポートフォリオ評価とは，授業において児童生徒が作成した作文やレポート，作った作品やテスト，活動の様子がわかる写真などをファイルに入れて保存する方法である。総合的な学習の時間などでこれまで取り入れられてきた方法である。

　パフォーマンス評価は，パフォーマンス課題を提示して，それをやらせてみて，評価するやり方である。演技やプレゼンテーションなど，表現する活動が入る場合が多い。評価は，前もってルーブリックを定めておく。ルーブリックとは，いわばものさしである。簡単な例を挙げれば，ワープロソフトで入力ができれば「Ｃ」，ワープロソフトで文章だけでなく，画像も入れてチラシ作りができれば「Ｂ」，さらに表計算ソフトが使いこなせれば「Ａ」などと定めておいて，評価を行う。

　パフォーマンス評価は，Ｇ．Ｐ．ウィギンズらの唱えるオーセンティック評価の方法として提案されている。「オーセンティック」は「真正の，ほんとうの」という意味である。オーセンティック評価は，学校での学習課題を現実の社会の中での課題と同質なものとして提示しようという発想によるものである。従来の標準的な学力テストは現実社会での課題とは異なるものであるという反省に立っての提案である。

　エピソード評価は，児童生徒の授業中の発話や記録などをエピソードとして集積し，それを児童生徒にフィードバックする評価方法である。これもまたオーセンティック評価の一種と考えれば，ルーブリックを作成することになるが，しかし，エピソード評価は，教師が前もって考えていなかったような，その子らしい特徴的な出来事を拾い集めることに意味がある。そう考えると，前もってルーブリックを作ることは難しいし，意味がないともいえる。

192

（3）評価文の実際

　評価文の具体については，上記の報告書には記載されておらず，また，『学習指導要領解説　特別の教科　道徳編』にも例示がない。しかし，報告書や他の文書の指示に基づいて，各教育委員会や研究者が書物などで例文を示している。

　たとえば，京都市教育委員会「特別の教科　道徳　評価について」（2018）に記載の評価事例から2つ引用する。

　「毎時間の学習では，他の児童の思いや考えにしっかりと耳を傾けながら，これまでの自分の生活を振り返り，学習のめあてについて考えを深めていました。とくに「ハムスターの赤ちゃん」の学習では，教材の中のハムスターと家で飼っている鳥の様子を重ねながら，命を大切にしたいという思いを強く持つことができました」（小学校低学年）

　「日常の様々な体験を通して，教材の主人公の考えを自分の生活に置き換え，自分のこととして捉えようとする姿が見られました。特に「足跡」の学習では，「結果ばかりを考えず，結果よりその前の努力を惜しまないようにしたい」と発表するなど，どのような結果になろうとも，過程を大切に挑戦しようとする意欲を高めていました」（中学校）

　いずれも，授業中の学習の姿と，特定の教材を学ぶ場面での様子が描かれている。これは，先に引用した学習指導要領の評価に関する文言「児童の学習状況や道徳性に係る成長の様子を継続的に把握し」という規定と関連している。つまり，「学習状況」と「道徳性に係る成長の様子」について記述している。「大くくりな評価」をすることになっていながらも，特定の教材に言及するのは，具体的な教材が出ていた方が保護者にとっても理解しやすいということからだと考えられる。多くの実践家や研究者たちの提案がこのように2つの点を記す形になっている。

（4）指導要録

　学校教育法施行規則第24条第1項によって，各学校の校長には指導要録を作成することが義務付けられている。この指導要録は，学籍に関する記録と指導に関する記録からなる。指導に関する記録では，各教科や領域の成績を観点別でつけることになっている。小中学校の指導要録では道徳科についても記入欄があるが，そこには「学習状況及び道徳性に係る成長の様子」を記すことになっている。しかし，そこには，観点を記す欄はない。包括的に評価することが求められている。

　指導要録と類似したものとして，通知表（通信簿，通知簿ともいう）がある。これは，一般的には学期末に発行され，学校と保護者を結ぶ重要なものであるが，法的に義務付けられたものではなく，発行するかしないかも含めてどのようにするかは，各学校の裁量に委ねられている。とはいっても，文科省も，教師の勤務負担軽減の観点から，指導要録と通知表のデータを連動させることを勧めており，実際のところ，通知表も指導要録に類似した様式で作られることが多い。

　なお，指導要録については，文部科学省が参考様式を示している。

3．学校における教育活動全体を通じての評価

（1）指導要録における「行動の記録」

　前節で取り上げた指導要録には，「行動の記録」という欄がある。文科省が示している参考様式によれば，小中学校の「行動の記録」の欄には，以下の10個の項目が記されている。「基本的な生活習慣」，「健康・体力の向上」，「自主・自律」，「責任感」，「創意工夫」，「思いやり・協力」，「生命尊重・自然愛護」，「勤労・奉仕」，「公正・公平」，「公共心・公徳心」の10個である。その多くが，道徳的価値とみなせるものであるが，これらは，道徳科の評価ではなく，学校生活全般にわたっての「行

動の記録」である。

　これら各項目への記載は，「各項目の趣旨に照らして十分満足できる状況にあると判断される場合に，○印を記入する」と指示されており，道徳科の評価のように記述式で記載するわけではない。

　しかし，先に述べた通知表には，記述式の所見欄が設けられていることが多い。ここには，日ごろの学習や生活の状況が記されるが，これらは上述の「行動の記録」とも関連している。とくに生活状況に関する所見は，学校における教育活動全体を通じての道徳教育の評価ともなり得る。具体的にいうと，「毎日元気よくあいさつをしています」とか，「誰に対しても親切に行動している様子が見られました」とかのような一言によって，子どもと教師の信頼関係が醸成されたり，子どもたちの道徳的行為をしようとする意欲が鼓舞されたりする。

（2）指導と評価の一体化

　最後に，指導と評価の一体化という観点から，道徳教育における評価についてまとめておきたい。

　指導と評価の一体化ということについて，教育課程審議会より2000（平成12）年12月１日に出された答申「児童生徒の学習と教育課程の実施状況の評価の在り方について」では，「学校の教育活動は，計画，実践，評価という一連の活動が繰り返されながら，児童生徒のよりよい成長を目指した指導が展開されている。すなわち，指導と評価とは別物ではなく，評価の結果によって後の指導を改善し，さらに新しい指導の成果を再度評価するという，指導に生かす評価を充実させることが重要である（いわゆる指導と評価の一体化）」と記載されている。

　学校の教育活動が，計画，実践，評価という連続的なプロセスとして捉えられ，評価が指導の改善につながるものとして位置付けられている。

いわば PDCA のサイクルのように，計画，実践，評価という順番でプロセスをつないでいくというイメージである。ここでは，評価は，明らかに，児童生徒の評価だけにとどまるものではないものとして捉えられている。次の指導計画，指導実践の改善につながっていくのである。答申そのものは少し古いものであるが，しかし，この評価の位置付けは現在も変わってはいない[2]。

こうした一体化が重視されていることから，先に述べた診断的評価・形成的評価・総括的評価も，計画や実践や評価のそれぞれのステップにおいて求められるものとして重要なものだといえるだろう。だが，道徳教育の評価においては，さらに一歩踏み込んだ一体化が求められるのではないだろうか。

道徳科の評価においては，前述のように「励ます個人内評価」が勧められていた。これは，評価でありながら，子どもを励まして道徳的行為を行うこと，あるいは，行おうとする意欲を高めることを目指しているのであるから，道徳教育の指導法そのものであるとも捉えられる。また，エピソード評価も，その子らしい，特徴的な望ましいエピソードを拾い集めて，子どもにフィードバックすることになるから，これもまた道徳的行為を促す指導法と一体化しているといえるだろう。

加えて，エピソードは，道徳科の授業よりも，日常的な学校生活の中での方が拾い集めやすい。授業の中だけでは，授業中の発言やワークシートの記述，役割演技などの活動の中での個性的な表現だけになってしまう。生活場面の中でのエピソードを集めることができれば，生徒指導（生活指導）場面でも生かすことができるであろう。その際に収集するエピソードは，望ましいポジティブな行為に限定するのがよい。それをフィードバックすることで，望ましい行為をより強化する道徳教育の方法とす

2)　たとえば，2019（平成31）年3月29日に文部科学省より発出された「小学校，中学校，高等学校及び特別支援学校等における児童生徒の学習評価及び指導要録の改善等について（通知）」（30文科初第1845号）でも，指導と評価の一体化に言及されている。

るためである。

引用・参考文献

ウィギンズ，グラントほか『理解をもたらすカリキュラム設計』（日本標準，2012年）
林泰成・渡邉真魚「道徳科の評価方法としてのエピソード評価」『上越教育大学研
　究紀要』（第36巻第2号，2017年）
ブルーム，B.S.ほか『教育評価法ハンドブック：教科学習の形成的評価と総括的
　評価』（第一法規出版，1993年）
渡邉真魚・林泰成「エピソード評価を用いた個と集団の関係性の修復についての実
　践的研究：学級における対人関係の問題解決」『上越教育大学教職大学院研究紀
　要』（第7巻，2020年）

学習課題

1．道徳科の評価は，目標や指導方法とどのように関係しているのだろ
　うか。まとめてみよう。
2．道徳科の評価は，他教科の評価とどのように異なるのであろうか。
　考えてみよう。
3．指導と評価が一体化している事例を考えてみよう。

14 | 道徳科の計画と学習指導案

荒木寿友

《**目標＆ポイント**》 道徳科の授業を年間を通じてどのように計画立てていくのか，また他教科との連関について説明すると同時に，道徳科の学習指導案作成についても解説する。

《**キーワード**》 年間指導計画，別葉，学習指導案，板書

1．年間指導計画の作成

（1）年間指導計画の意義

　道徳科の授業は，行きあたりばったりのものであってはならない。学習指導要領（2017）においても，次のように示されている。「各学校においては，道徳教育の全体計画に基づき，各教科，外国語活動，総合的な学習の時間及び特別活動との関連を考慮しながら，道徳科の年間指導計画を作成するものとする」。かねてより，道徳の時間は他の教科や学校行事に取って代わられることが多く（たとえば東京学芸大学が実施した調査など，2012），年間指導計画を作成し他教科等との密接な連関を可視化することによって，確実に年間35時間（小学校1年生は34時間）実施することがねらわれている。

　学習指導要領解説では，以下のように年間指導計画の意義を述べている。第1に，「6学年間（中学校は3学年間）を見通した計画的，発展的な指導を可能にする」ことである。年間指導計画は単年度の計画であ

るが，各学年の計画を集めるとそれは6年間（中学校は3年間）を見渡
す計画になり，学年を超えての全体計画になる。さらに，児童生徒の実
態や地域の特性などを組み込んで，学校として重点的に取り組んでいく
ことが可能になる。

　第2に，「個々の学級において道徳科の学習指導案を立案するよりどこ
ころとなる」点である。教師のその時々の思いつきによって授業を実施
しないために，年間指導計画は存在する。すべての内容項目を網羅して
いるかどうかを踏まえ，年間を通じて児童生徒に育成したい資質・能力
を明確にした上で，学習指導案作成に入っていく。

　最後に，「学級相互，学年相互の教師間の研修などの手掛かりとなる」
点である。年間の流れが明らかになることで，教師間の情報交換や相互
の授業参観がやりやすくなる。

　多くの学校では道徳の教科書に従って年間指導計画を立てる場合が多
い。まずは教科書全体を見渡してから，児童生徒の実態，学校の特色に
合わせて年間指導計画を作ることから始めてみてはどうだろうか。

（2）全体計画と別葉の存在

　道徳教育は，学校の教育活動全体を通じて行われる。つまり，国語や
社会といった教科，外国語活動，総合的な学習の時間，そして特別活動
といったすべての教育活動の中においても道徳教育は実施されているの
である。道徳教育の全体計画においては，各学校における重点目標の設
定（道徳教育重点目標），それに応じた各学年の目標，さらに重点目標
から導かれる内容項目（重点内容項目），教科や特別活動における道徳
教育の指導方針等が記載されるのが一般的である。

　この全体計画は時期別に分けられているものではないため，道徳科以
外の教育活動おいて，どの時期に道徳科の教育内容と関わるところがあ

るのかをあらかじめピックアップした，年間指導計画一覧表を作成する必要がある。それが別葉と呼ばれるものである。学習指導要領解説においても，「年間にわたって位置付けた主題については，各教科等との関連を図ることで指導の効果が高められる場合は，指導の内容及び時期を配慮して年間指導計画に位置付けるなど，具体的な関連の見通しを持つことができるようにする」と述べられている。

　たとえば，ある小学校で道徳の重点目標に「最後までやり抜くこと」が挙げられている場合で考えてみよう。これに該当する内容項目は，A（5）の「希望と勇気，努力と強い意志」である。国語においてこの内

表14-1　別葉の一例（教科×時系列）＋内容項目

	4月	5月	6月	7月	9月	10月	11月	12月	以下略
国語									
社会									
算数									
理科									
音楽									
図画工作									
以下略									

出典：荒木（2017）を参照に筆者作成

表14-2　別葉の一例（内容項目×教科別）

	特別活動	各教科						総合的な学習の時間	外国語活動
		国語	社会	算数	理科	音楽	以下略		
善悪の判断,自律,自由と責任									
正直，誠実									
節度，節制									
個性の伸長									
希望と勇気，努力と強い意志									
真理の探究									
親切，思いやり									
感謝									
以下略									

出典：荒木（2017）を参照に筆者作成

容項目に合致する教材があるとき，あるいは特別活動で遠足に行くとき，または体育で「全員が跳び箱〇段を跳ぶことができる」という目標を立てたときなど，教師が内容項目を意識した取り組みを行うことにつながる（表14-1　教科×時系列）。また個々の内容項目と各教科や特別活動との関係性を示す別葉も作成可能である（表14-2　内容項目×教科別）。

（3）ローテーション道徳

　年間指導計画の中に位置付けるものとして，ローテーション道徳が考えられる。ローテーション道徳とは，一人の教師が同一教材で複数回違うクラスで実践を行うものである（表14-3参照）。たとえば，A教師が1週目に1組で授業を担当した

表14-3　ローテーション道徳の例

	1週目	2週目	3週目	4週目
1組：担任A	A	D	C	B
2組：担任B	B	A	D	C
3組：担任C	C	B	A	D
4組：担任D	D	C	B	A

ならば，翌週は2組で同じ授業を実施する。代わりにB教師は3組に移動して授業を実施するということを意味している。

　ローテーション道徳の利点は，以下の4点にまとめられる。第1に，授業の力量を上げやすいことであろう。他の教科と違って，道徳科の場合は1時間で1つの教材を完結することが多い。逆にいえば，1つの教材で複数時間授業をすることがないために，教師が教材理解を深めていくことが難しい。その点，1つの教材で複数回授業を行うことができれば，児童生徒の反応も多様であるため自ずと教材理解も深まり，授業を展開する力量も養われる。

　第2に，比較的自分の得意な内容項目で授業を実践することができる点である。たとえば中学校の理科が専門の教師ならば，Dの項目の「自

然愛護」などが自分の教科と結び付けやすいであろう。

　第三に，学校行事前などで教師が多忙を極める際に，毎回授業準備しなくても済むことである。忙しさゆえに授業準備が中途半端なまま授業を行うよりも，じっくりと１つの教材で複数回授業を実施した方が，児童生徒のためにもなる。

　最後に，他のクラスの児童生徒の様子を知ることができることである。児童生徒にとっても，通常あまり触れ合うことのない教師の授業を受けることは新鮮味がある。これは評価において，複数の教師の目によって児童生徒の学習活動を見取ることにつながる。つまり，単独の教師による「主観的」な評価から，複数の教師による「間主観的」な評価になるのである。

　なお，学習指導要領では，道徳の授業は「学級担任の教師が行うことを原則とするが，校長や教頭などの参加，他の教師との協力的な指導などについて工夫」することが述べられている。基本的には児童生徒の実態を深く理解している担任が道徳の授業をすることになっているが，ローテーション道徳を妨げるような規定にはなっていない。

2. 道徳科の指導案の作成

（1）学習指導案の役割

　学習指導案とは，授業を実施する児童生徒の特徴（児童観，生徒観）を踏まえた上で，どのようなねらい（目標）のもと，どのような教材を用いて（教材観），どのように実施していくのか（指導観，授業の展開方法）についてまとめたものである。道徳科に限らず，授業とは教師と児童生徒が教材を介して働きかけ合う（相互作用する）教育的営みであり，学習指導案は，この相互作用を事前に予測しておくことに他ならない。つまり，学習指導案を作成するということは，授業の全体のイメー

ジを把握することであり，授業という「地図」を入手し，目的地への道筋を決定することに似ている（荒木，2019）。この全体のイメージには「教材研究」，「授業の構造化」，「発問づくり」が含まれている（土井，1999）。すでに発問については11章と12章で論じた。授業の構造化については，次項以降で概説していくことにして，ここでは教材研究について少し考えてみよう。

　教材とは，ある教育目標を達成するために選ばれた素材である。道徳科における教材は，その大部分が教科書になるだろう（ただし教科書のみが教材に該当するわけではない。12章でも述べたように，いろいろな素材が道徳科のねらいを達成するために選ばれたならば，それは十分教材となりうる）。教科書について教材分析をするということは，第11章でも述べたように教材の場面変化を読み取ること，道徳的価値に対する登場人物の認識の変化を読み取ることになる。

　しかしながら，このような教材研究は，とくに道徳科の場合注意を払う必要がある。それは「教科書を教える」という授業展開になってしまいやすいということである。教科書，とくに読み物教材はあくまで道徳的価値について児童生徒が考えていくためのきっかけを与えてくれるものであって，教科書に載っている事例（○○したら気持ちがいい，あるいは○○すると周りが迷惑するといったこと）を児童生徒に習得させるものではない。「教科書を通じて道徳的価値について考える」という教材研究が必要なのである。そのためには，教師は教材研究において，その時間に扱う道徳的価値について深く調べておく必要がある。

　以上より，学習指導案を作成することは授業を行う上で必須であるといえる。学習指導案のない授業は，授業における展開予測が不十分，あるいは教材研究が不十分，的が絞れず授業のねらいに十分迫れない授業になる可能性が高い。結果的に，児童生徒にとっても教師にとっても，

「わからない授業」になってしまうのである。

　しかしながら，学習指導案はあくまで「案」である。学習指導案の通りに進めようと固執しすぎると，児童生徒の発想やアイデアを活かすこ

表14-4　学習指導案の例

道徳科学習指導案フォーマット

1.日時
2.対象
3.指導者
4.主題名（内容項目）
5.教材（資料）名
6.主題設定の理由
　（1）ねらいとする価値について
　（2）児童（生徒）の実態について
　（3）本時の教材（資料）の概要
7.本時のねらい（Aという学習活動を通じて，Bしようとする，Cを育てる）
8.本時の展開（導入・展開・終末）

	学習過程	主な問いと児童（生徒）の反応	教師の働きかけ
導入			
展開			
終末			

9.評価

出典：荒木（2019）を参照に筆者作成

とができない「おもしろくない授業」になってしまう。繰り返しになるが，授業は教材を介して教師と児童生徒の双方の主体的な相互作用によって成立する。学習指導案の作成は入念に，しかし授業が始まれば柔軟にというスタンスで実践に臨むようにしたい。

　なお，道徳科の学習指導案の書き方については，とくに定まった統一のフォーマットがあるわけではない。各学校や自治体の書き方に従ってもらって構わないが，本章においても一般的な学習指導案の例を提示しておく（表14-4）。以下において，ねらいの書き方，ならびに授業の展開に焦点を当てて見ていこう。

（2）ねらいの書き方

　授業におけるねらいの明確化は，授業を通じてどのようなことを児童生徒に考えてもらうのか，何を伝える必要があるのか，そのためにどのような学習活動を展開するのかといったことなどを明示化することであり，授業を受けることによって児童生徒にどのような変化が生まれるのか予想することでもある。

　このように道徳科のねらいは，他の教科と異なり，学習活動が含まれる書き方がなされる。つまり，「A（という学習活動）を通じて，Bしようとする，Cを育てる」という書き方である。Aの箇所には，学習活動が含まれる。授業においてどのような学習活動を展開するのか，とくに焦点を当てたい学習活動，もっともメインとなる学習活動を書く場合が多い。たとえば，「○○の生き方を支えた考えや思い，理想について話し合う活動を通じて」，あるいは，「登場人物の心情の移り変わりについて役割演技をすることを通じて」という形で表現される。

　Bの箇所には，授業を通じて育んでいきたいと教師が考える「ねがい」（その授業で扱う内容項目に関するもの）が記述される。授業を展開す

る以上，児童生徒が授業を受ける前と受けた後において，望ましい変化が生じてほしいと教師は考えている。それを明記するのがこの箇所である。たとえば，「異なる意見や立場を大切にし，他者を大切にしようとする」（相互理解，寛容），あるいは「自らもよりよく生きようとする」（よりよく生きる喜び），「法やきまりの意義を理解し，自らもそれらを尊重していこうとする」（遵法精神，公徳心）などが該当する。

　最後のＣの箇所には，道徳性の諸様相である，道徳的判断力，道徳的心情，道徳的実践意欲と態度のいずれかが記入される。当該の授業において，考えるということに焦点を当てた授業を展開するのであれば，「道徳的判断力を育てる」が該当するであろうし，自らもそのようにしてみたいという意欲に焦点を当てるのであれば，「道徳的実践意欲と態度を育てる」が該当する。

　このように道徳科のねらいは，かなり具体的に表現されることが望ましい。ねらいを見るだけで，その授業でどのようなことがなされるのか瞬時にわかるものが，よいねらいの書き方である。

（3）本時の展開（導入，展開，終末）の流れ

　授業の導入部においては，授業の方向づけ，ならびに好奇心を喚起することが重要である。一般的にはその時間に扱う内容項目について「現時点ではどのように考えているのか」ということを児童生徒に聞く場合が多い。たとえば「個性って何だと思う？」「自由ってどういうことを意味しているの？」などである。この際に，児童生徒が自由に発言するだけで終わるのではなく，授業が始まった時点でどう考えているのか，道徳ノートやワークシートに記入させておくと，授業後にどのように認識が変化したのか見取りやすくなる。また，好奇心を喚起するために，内容項目に関連する動画や写真，ミニワークなどを取り入れることも効

果的である。

　展開部は授業の大半を占める箇所である。授業者によっては，展開前段，展開後段と分ける場合も存在する。たとえば，読み物教材を使用する場合，展開前段においては教科書の内容理解（場面発問や中心発問が主として用いられる）に焦点を当て，展開後段においてはその時間に扱った道徳的価値そのものについて考えを深めていく（テーマ発問が主として用いられる）場合もある。留意すべきことは，読み物教材を用いた場合，その読み取り（内容解釈）に大幅に時間が取られ内容にすることである。読み物教材だけではなく，アクティビティを用いた道徳の授業でも同様である。道徳科の授業は，児童生徒自身が教科書（あるいはアクティビティ）を通じて，道徳的価値そのものについて考えを深め，自身の道徳的価値観を主体的に形成していくことである。この点が明確に展開部に位置付けられるようにしなければならない。

　終末（授業のまとめ）では，授業を通じて児童生徒がどのようなことを学んだのか，新たな気付きは何か，授業を受けたことによって生じた疑問は何かなどについて，振り返ることが考えられる。あるいは，授業で扱った内容項目について，教師自身の体験等を話してもよい。

　さて，ここで今一度，道徳科の目標を確認してみよう。「よりよく生きるための基盤となる道徳性を養うため，道徳的諸価値についての理解を基に，自己を見つめ，物事を（広い視野から）多面的・多角的に考え，自己（人間として）の生き方についての考えを深める学習を通して，道徳的な判断力，心情，実践意欲と態度を育てる。（　）内は中学校」。

　この目標を分類すると，以下のような特徴があることがわかる。①道徳的諸価値を理解することを前提として，②自己を見つめる（自己内対話），③多面的・多角的に物事を考える（批判的に考える），④自分の生き方について考える（これまでと，将来への展望）という３つの学習活

動を通じて，結果として道徳的判断力等が育まれるということである。つまり道徳科の学習活動には，②〜④の学習活動が含まれるということを意味している。

　道徳科の授業を展開するにあたっては，この３つの学習活動が含まれているかどうかが１つの目安になる（必ずしもすべて含む必要はない）。たとえば，導入部においてこれまでの自分を振り返り，道徳的価値についてどのように考えているのか捉えてみることが「自己を見つめる」学習活動につながるであろうし，テーマ発問や補助発問によって道徳的価値を多面的・多角的に捉えることも可能である。また終末において，これからどう生きていくのか，どう生きていきたいのかについて考える学習活動を組み込むことも可能であろう。

（4）板書の工夫

　道徳科の板書に決まった方法はない。縦書きでも横書きでも同心円状に広がっていくような板書でも構わない。板書をする上でも最も大切なことは，児童生徒の思考の流れや考えが板書によって整理されることである。つまり，板書によって授業を再構造化していくことが最も重要な点であるといえる。

　そのためには，教師は児童生徒の発言を結び付けたり，対比させたり，カテゴリーに分けたり，因果関係を明らかにしたりするといった工夫を凝らしていく必要がある。いわば，授業を通じて児童生徒から発せられる数々の発言を収斂していくのが板書の役割である。

　また教科書に掲載されている場面絵（挿絵）を有効活用すると，黒板を場面で分類しやすくなり，時系列で表しやすくなる。

　板書は授業と同様に，計画することなくできるわけではない。学習指導案の作成と併せて，板書計画も練っておく必要がある。

208

図14-1　横書きの板書例

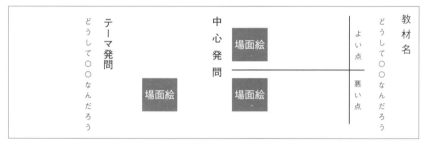

図14-2　縦書きの板書例（比較させる場合）

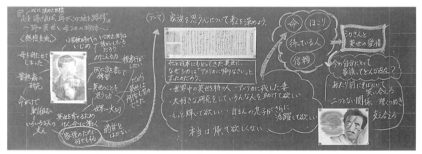

写真14-1　実際の板書例（木原一彰教諭による）

参考文献

荒木寿友『ゼロから学べる道徳科授業づくり』（明治図書，2017年）

荒木寿友「道徳教育方法論」荒木寿友，藤澤文編著『道徳教育はこうすれば〈もっと〉おもしろい』（北大路書房，2019年）

土井捷三『教育方法の科学』（梓出版社，1999年）

東京学芸大学「道徳教育に関する　小・中学校の教員を対象とした調査—道徳の時間への取組を中心として—〈結果報告書〉」（2012年）

文部科学省『小学校学習指導要領（平成29年告示）』（2017年）

文部科学省『小学校学習指導要領（平成29年告示）解説　特別の教科　道徳編』（2017年）

文部科学省『中学校学習指導要領（平成29年告示）解説　特別の教科　道徳編』（2017年）

吉田誠，木原一彰編著『道徳科初めての授業づくり』（大学教育出版，2018年）

学習課題

1．これまでの学びを踏まえて，道徳科の学習指導案を作成してみよう。
2．学習指導案に基づいた板書計画を考えてみよう。

15 道徳教育のこれから

貝塚茂樹

《**目標＆ポイント**》　本章は，「特別の教科　道徳」を中心として，その目的・内容・方法についての制度的な構造とこれまでの学びを改めて整理しながら，その歴史的な意義と今後の課題について考察したものである。具体的には，「考え，議論する道徳」の意味，「特別の教科　道徳」とカリキュラム・マネジメントの関係，また，学校と家庭・地域社会の連携の必要性に言及しながら，専門免許，評価に関わる今後の課題と SDGs に象徴される世界的な動向の中での道徳教育の可能性について検討する。

《**キーワード**》　道徳科，「考え，議論する道徳」，カリキュラム・マネジメント，「主体的・対話的で深い学び」，SDGs

1.「特別の教科　道徳」の目的と構造

（1）「考え，議論する道徳」への「質的転換」

　2015（平成27）年 3 月27日，学校教育法施行規則の一部を改正する省令及び学習指導要領の一部改正が告示され，学校教育法施行規則の中の「道徳」は「特別の教科である道徳」（以下，道徳科と略）と改められた。これによって，小学校は2018（平成30）年度，中学校では2019（平成31）年度から道徳科が実施されている。道徳科の設置は，1945（昭和20）年の敗戦以降における戦後教育の歴史において大きな転換点であった。

　2017（平成29）年告示の学習指導要領（以下，「平成29年版学習指導要領」と略）は，すべての教科等について，①何を理解しているか，何

ができるか（生きて働く「知識・技能」の習得），②理解していること，できることをどう使うか（未知の状況にも対応できる「思考・判断力・表現力等」の育成），③どのように社会・世界と関わり，よりよい人生を送るか（学びを人生や社会に生かそうとする「学びに向かう力・人間性等」の涵養），の三つの柱に基づいて育成すべき資質・能力を明確にし，そのために必要な指導方法の工夫・改善を図っていくことを求めた。

　道徳教育を通じて育む資質・能力とは，「自己の生き方を考え，主体的な判断の下に行動し，自立した人間として他者と共によりよく生きるための基盤となる道徳性」（学習指導要領第1章総則）であり，具体的には道徳性を構成する諸様相である「道徳的な判断力，心情，実践意欲と態度」（学習指導要領第3章「特別の教科　道徳」）となる。

　2014（平成26）年10月の中央教育審議会答申「道徳に係る教育課程の改善等について」は，これからの時代を生きる児童生徒には，様々な価値観や言語，文化を背景とする人々と相互に尊重し合いながら生きていくことがこれまで以上に求められる。その際に必要となるのは，将来の社会を構成する主体となる児童生徒が高い倫理観を持ちながら，「人としての生き方や社会の在り方について，多様な価値観の存在を認識しつつ，自ら感じ，考え，他者と対話し協働しながら，よりよい方向を目指す資質・能力を備えること」が重要であるとした。

　その上で，特に道徳教育については，「特定の価値観を押し付けたり，主体性をもたず言われるままに行動するよう指導したりすることは，道徳教育が目指す方向の対極にある」と指摘しながら，「多様な価値観の，時に対立がある場合を含めて，誠実にそれらの価値に向き合い，道徳としての問題を考え続ける姿勢こそ道徳教育で養うべき基本的資質である」とした。そして，こうした資質・能力を育成するためには，一人一人の児童生徒に自分ならどのように行動・実践するかを考えさせ，自分

とは異なる意見と向かい合い議論する中で，道徳的価値について多面的・多角的に学び，実践へと結び付けるかという指導が必要であるとした。

　道徳科の設置にあたっては，答えが１つではない課題に対して児童生徒が道徳的に向き合う「考え，議論する道徳」へと「質的転換」することを求めている。それは，従来のように読み物の登場人物の心情を読み取ることに重点が置かれた授業，また児童生徒に望ましいと思われるわかりきったことを言わせたり書かせたりする授業からの脱却を求めるものであった。言い換えれば，「考え，議論する道徳」とは，道徳科において「主体的・対話的で深い学び」を実践する授業改善の視点であるといえる（松本，貝塚ほか，2016）。

（2）教育課程における道徳教育・道徳科の役割

　道徳科の設置は，教育課程における道徳教育の位置付けを基本的に変更するものではない。「平成29年版学習指導要領」は，道徳教育の目標について，「学校における道徳教育は，特別の教科である道徳（以下，「道徳科」という）を要として学校の教育活動全体を通じて行うものであり，道徳科はもとより，各教科，（外国語活動），総合的な学習の時間及び特別活動のそれぞれの特質に応じて，（児童）生徒の発達の段階を考慮して，適切な指導を行わなければならない。（　）は小学校」と規定した。また，学校における道徳教育は，自己の生き方を考え，主体的な判断の下に行動し，自立した一人の人間として他者とともに，よりよく生きるための基盤となる道徳性の育成を目指すものである。

　道徳教育は，道徳科だけで行うものではなく，各教科，特別活動，「総合的な学習の時間」，外国語活動（小学校）などとの有機的な関連性の中で行われ，道徳科は学校の教育活動全体で行う道徳教育の「要」の役

割を果たす。

　つまり，学校におけるすべての教科・領域の学びは，道徳教育という観点から相互に関わり合いを持つと同時に，それらが道徳科の学びと密接に結び付いた学びとなることで，児童生徒の道徳性の育成が豊かに育成されることになる。道徳科における道徳的諸価値の学びは，各教科・領域での学びを補い深め，相互の関連を発展させ，統合する役割を果たすことが期待され，それは，後述するカリキュラム・マネジメントの視点とも重なる。

（3）「考え，議論する道徳」と学力

　「考え，議論する道徳」は，道徳授業の方法論の問題としてのみ捉えられるべきではない。「考え，議論する道徳」の授業が成立するためには，豊かな学校作りと学級経営の視点が基盤となる必要がある。なぜなら，道徳科の学びの中では，児童生徒一人一人が，自分の発言を教師やクラスの仲間がきちんと受け止めてくれるという信頼感と安心感を持たなければ，「考え，議論する道徳」は成立しないからである。「考え，議論する道徳」の基盤には学級経営の問題があり，道徳的な雰囲気を醸成する学級作りが不可欠となる。

　また，道徳教育は学力の問題とも決して無関係ではない。1872（明治5）年の「学制」以降，道徳教育は修身科という教科で行われてきたという歴史的な背景も影響して，日本では道徳教育と各教科での学びを別々のものとして捉える傾向が強かったといえる。

　しかし，各教科の学びと道徳教育は不可分の構造にあるといえる。たとえば，道徳の内容項目には，「自分でやろうと決めた目標に向かって，強い意志をもち，粘り強くやり抜くこと」「友達と互いに理解し，信頼し，助け合うこと」（小学校），「自分の考えや意見を相手に伝えるとと

もに，それぞれの個性や立場を尊重し，いろいろなものの見方や考え方があることを理解し，寛容の心をもって謙虚に他に学び，自らを高めていくこと」(中学校) などが掲げられている。道徳科において，こうした「節度・節制」「向上心」「克己と強い意志」「友情・信頼」などの内容項目に関わる学びが各教科等での学びの基盤となれば，学力の向上にもつながると考えることができる。

2．道徳科の学びをどう充実させるか

(1) カリキュラム・マネジメントと道徳科

　2016年12月の中央教育審議会答申は，これからの教育課程において各教科等を学ぶ意義を大切にしつつ，教科の枠を超えた視点を持ち，教育課程全体で児童生徒にどのような資質・能力を育成するかを明確に共有することを求めた。また，教科横断的な視点で教育内容を組み立て，地域等の資源も活用しながら実施・改善していくというカリキュラム・マネジメントの視点の重要性を指摘した。

　道徳科は，従来の「道徳の時間」と同じく週1単位時間である。したがって，道徳科での学びを深め，充実させるためには，カリキュラム・マネジメントの視点が不可欠である。道徳教育の全体計画を中心としながら，学校教育全体で道徳教育を展開していくためには，「要」としての道徳科の学びが各教科，総合的な学習の時間，特別活動等での学びと有機的につながることが必要である。道徳科での学びが充実することで，各教科等での道徳教育の基盤が形成され，さらに各教科等で育成された道徳性がさらに道徳科の学びによって循環的かつ相互補完的な関係として機能することが望まれる。

（2）カリキュラム・マネジメントと「深い学び」

　「平成29年版学習指導要領」が掲げた「主体的・対話的で深い学び」は，道徳科の学びにおいても重要である。「主体的な学び」「対話的な学び」は，道徳科の指導法とも直接的に関係するが，以下では，とくに道徳科における「深い学び」について考えておきたい。

　中央教育審議会答申は，「深い学び」について「習得・活用・探求という学びの過程の中で，各教科等の特質に応じた見方・考え方を働かせながら，知識を相互に関連付けてより深く理解したり，情報を精査して考えを形成したり，問題を見いだして解決策を考えたり，思いや考えを基に創造したりすることに向かう」学びであるとしている。

　たとえば，中学生の道徳教材「六千人の命のビザ」は，第二次世界大戦中にユダヤ人にビザを発行して数多くの命を救った外交官，杉原千畝の話である。この教材については，ビザを発行した杉原の心情を辿るだけでなく，一般には「あなたが杉原の立場だったら，ビザにサインをしますか？」「あなたならどう考え，行動しますか？」などの発問による授業実践が行われることが多い。

　こうした発問は，道徳的課題を自分事として考えるという問題解決的な問いである。しかし，生徒がさらに「深い学び」をするためには，①当時の国際状況，②なぜ，ユダヤ人がビザの発行を求めて日本領事館に来るのか，③国家公務員である外交官が，外務省の訓令に反してビザを発行することはどのような意味を持っているのか，など，主に社会科での学びが前提とされる必要がある。

　こうした学びが基盤となることで，生徒はより広い視野から多面的・多角的に考えることが可能になり，「深い学び」につながることになる。言い換えれば，年間35時間（小学校第1学年は34時間）の授業時数しかない道徳科において「深い学び」が実現するためには，各教科，特別活

動，総合的な学習の時間，外国語活動（小学校）等での学びが有機的に結び付き，相互補完的に構造化されることが求められることになる。

（3）学校と家庭・地域社会との連携

「平成29年版学習指導要領」は，「教育課程を通して，これからの時代に求められる教育を実現していくためには，よりよい学校教育を通してよりよい社会を創るという理念を学校と社会が共有し，それぞれの学校において，必要な学習内容をどのように学び，どのような資質・能力を身に付けられるようにするのかを教育課程において明確にしながら，社会との連携及び協働によりその実現を図っていく」という「社会に開かれた教育課程」の実現が重要であるとした。

学校で行う道徳教育を充実し，「社会に開かれた教育課程」を実現するためには，学校と家庭・地域社会との連携，協力が不可欠である。また，学校がチームとして道徳教育の基本方針や指導内容を共有しながら，家庭や地域社会が児童生徒の道徳性を養う上での共通理解を図ることが求められる。

学習指導要領総則第1章第6「道徳教育に関する配慮事項」4は，「学校の道徳教育の全体計画や道徳教育に関する諸活動などの情報を積極的に公表したり，道徳教育の充実のために家庭や地域の人々の積極的な参加や協力を得たりするなど，家庭や地域社会との共通理解を深め，相互の連携を図ること」と明記している。いうまでもなく道徳科の指導は，学校が主体となるが，地域の人々や保護者の理解と協力を得て授業を展開することで，児童生徒の学びが深まることが期待される。こうした教育実践の蓄積が，「社会に開かれた教育課程」をより効果的に機能させ，実現させることにつながることになる。

しかし，少子化と高齢化が進行する中で，連携すべき家庭の教育力が

減退し，地域社会の衰退は，その教育的機能を後退させていることも事実である。こうした状況の中で，学校と家庭・地域社会の連携の具体的な内容と方法をどのように考え，有機的な連携と協力のシステムを構築することは決して簡単な問題ではない。

　道徳教育は人間形成に関わるものであり，誰もが対峙しなければならない課題である。そのため，道徳教育は，学校，家庭，地域社会，国家の様々なレベルで論じられることになる。しかし，道徳科を要とした学校での道徳教育の在り方を考えるためには，議論の対象を広範囲に拡大し，拡散させるのではなく，まずは「学校で行う道徳教育」の役割と機能に議論の対象を焦点化することも必要である。

　教育基本法第1条は，「人格の完成」を目指し，「平和で民主的な国家及び社会の形成者」の育成を教育の目標に掲げている。とくに，公教育としての学校は，「平和で民主的な国家及び社会の形成者」としての国民を育成する役割があることはいうまでもない。したがって，学校，家庭，地域社会，国家のレベルにおける道徳教育のあり方を視野に入れて考えることは大切であるが，「学校でやるべきこと」「学校でこそやれること」「学校でしかやれないこと」は何かという観点から学校教育における道徳教育について検討することが求められる。

　学校で行うべき道徳教育の役割と機能に議論の対象を焦点化することは，家庭や地域社会での連携の視点を軽視することではなく，むしろ家庭や地域社会で行うべき道徳教育の機能を具体化し，学校と家庭，学校と地域社会の連携についての内容と範囲を明確化することにつながる。

3．道徳科設置の意義とこれからの課題

（1）道徳科の歴史的な意義

　道徳の教科化は，2013（平成25）年2月の教育再生実行会議の「いじ

め問題等への対応について（第一次提言）」が直接の契機であった。しかし，1945（昭和20）年8月の敗戦以降，道徳教育を担う教科を設置することの議論は継続しており，道徳の教科化は戦後教育の一貫した課題であった（本書第5章を参照）。

　一般に，戦後教育では戦前の教育に対する拒否感のみが強調される傾向が強く，とりわけ道徳教育は政治的なイデオロギー対立の争点とされる一方で，教育的な視点から捉える議論が中心となることは少なかった。戦後教育史の観点からいえば，道徳科の設置は，道徳授業の「形骸化」を克服する意味と同時に，戦後日本の社会で顕著となった「道徳教育アレルギー」の払拭を目指したものであったといえる。

　これまで，道徳教育の理論研究が十分に深められなかったことは，道徳授業の「形骸化」をもたらす主要な要因の1つであった。道徳の教科化をめぐる議論では，「道徳教育の目指す理念が関係者に共有されていない」「教員の指導力が十分でなく，道徳の時間に何を学んだかが印象に残るものになっていない」「他教科に比べて軽んじられ，実際には他の教科に振り替えられていることもある」などと指摘されてきたが，それは戦後の道徳教育が辿った歴史を背景としている。

　道徳教育は，人間教育の普遍的で中核的な構成要素であるとともに，その充実は今後の時代を生き抜く力を一人一人に育成する上での緊急な課題である。しかし，道徳教育の理論研究が進められず，授業実践が十分に機能していなかった状況は，学校教育が児童生徒の道徳性を育成するという責任と役割を果たし得ていないことを意味している。同時にそれは，教育基本法第1条が掲げた「人格の完成」という目標や学習指導要領の趣旨が実現していないことでもあった。

　道徳科の設置は，これまで政治的なイデオロギー論の問題として争点化される傾向のあった道徳教育の議論を反省し，教育的な視点から捉え

直すことに大きな役割を果たした。なぜなら，道徳科の設置は，学校・教師が，児童生徒の道徳性に正面から向き合う状況を形成し，教科書，指導法，評価といった具体的な内容についての議論を喚起したからである。そして，このことは，道徳教育の議論に政治的なイデオロギー論の入り込む余地を確実に減少させたといえる。

（2）これからの道徳教育の課題

　道徳科設置においては，検定教科書が導入され，授業の指導法についても「道徳科における質の高い多様な指導法」などの具体的な方向性が示された（本書第12章を参照）。また，評価についても，個人内評価を中心とした評価の基本的な考え方が示された（本書第13章を参照）。しかし，道徳科が効果的に機能するためには，さらに議論すべき課題も残されている。以下，そのポイントについて提示しておきたい。

①内容項目について

　道徳科で学ぶべき内容項目は，基本的には「道徳の時間」の内容項目と大きく変化することはなかった。4つの視点についての一部の順序の入れ替えは行われたが，個人から社会，国家へと至る同心円的な構造はより整理されたといえる。

　しかし，道徳科の内容として取り上げるそれぞれの項目には複数の道徳的価値が含まれており，道徳科の授業が対象とする内容は決して少なくない。それらを年間35時間（小学校第1学年は34時間）で行うことは容易ではなく，そのために授業は表層的なものとなる可能性がある。こうした状況を改善するためには，年間の授業時間の増加を検討するとともに，道徳科として取り上げる内容項目をより構造化し，道徳的価値の配置を体系化することを検討する必要がある。

　道徳科で学ぶべき内容を吟味した上で，内容項目全体の構造化と体系

化を検討することは，道徳科において何を学ぶことが重要であるかを整
理することにもつながる。

②「専門免許」について

　道徳科が充実するためには，道徳授業を行う教員をどのように養成す
るかは大きな問題である。しかし，道徳科設置にあたっては，教員養成
についての大きな変化は見られなかった。現行では，道徳科の授業は，
学級担任を中心に行われることになっており，「専門免許」は設けられ
ていないが，道徳の「専門免許」の問題は検討すべき今後の大きな課題
といえる。なぜなら，大学の教員養成は教員免許制度と連動しており，
「専門免許」が制度的に担保されなければ大学に道徳教育の専攻・講座
が設置される可能性は低く，教員養成の充実は基本的には期待できない
からである。

　また，いじめや自殺の深刻化，インターネット犯罪の増加など，子供
達が直面している現実が複雑化している中で，教師には高度な「専門性」
がますます求められる。諸外国においても，とくに中等教育段階では「専
門免許」が制度化されている国は決して少数ではない。教員養成や教師
の「専門性」を高める観点からも，中学校段階の「専門免許」創設を視
野に入れた議論が求められる。

③道徳科の評価について

　道徳科における評価は，人格や道徳性全体ではなく，目標に示された
学習活動における児童生徒の学びの成長を見取る評価である。道徳科で
育むべき資質・能力を道徳的判断力，心情，実践意欲と態度などや，個々
の内容項目ごとの観点別の評価をするのではなく，「おおくくりなまと
まり」として評価することとされている。また，他の児童生徒との比較
による評価ではなく，児童生徒がいかに成長したかを積極的に受け止め
て認め，励ます個人内評価であることが重要とされている（本書第13章

を参照）。

　道徳科の評価において，児童生徒の学習状況や道徳性の係る成長の様子を見取る視点となるのは，「一面的な見方から多面的・多角的な見方へと発展しているかどうか」「道徳的価値の理解を自分自身との関わりの中で深めているかどうか」の２点である。しかし，学習指導要領において道徳教育の目標は「道徳性を養う」ことと規定されており，道徳教育及び道徳科の目標は，「道徳性を養う」ために，道徳的な判断力，心情，実践意欲と態度を育てることを目標としている。「道徳性を養う」ことが道徳教育及び道徳科の目標であれば，道徳性の諸様相である道徳的判断力，心情，実践意欲と態度について評価することが必要となるという指摘もある。

　また，小学校学習指導要領解説では，「それぞれの授業におけるねらいとの関わりにおいて，児童の学習状況や道徳性に係る成長の様子を様々な方法で捉えて，個々の児童の成長を促すとともに，それによって自らの指導を評価し，改善に努めることが大切である」（文部科学省，2018：108）とされている。ここでは，「ねらい」に基づいた授業と評価が求められているが，実際の評価では，「ねらい」の達成は必ずしも問題とされず，「おおくくりなまとまり」の中で見取る「学びの成長」が中心とされている。

　この点に関しては，道徳教育の目標と指導が，評価と乖離しており，学習指導要領が目指す「指導と評価の一体化」とも一致していないという指摘もなされる。道徳科の目的とする道徳性をどう捉えるのか，また評価の対象をどこに設定するのかを改めて検討し，道徳科の評価をよりよいものへと改善して行く研究と議論がさらに求められる。

④道徳教育にかかわる新たな動向について

　グローバル化が進展する中で，様々な文化や価値観を背景とする人々

と相互に尊重しながら生きることや，科学技術の発展や社会・経済の変化の中で，人間の幸福と社会の発展の調和的な実現を図ることが一層重要な課題となっている。ここで求められるのは，日本のことだけを考えるのではなく，国際的な視野に立ち，広く世界の諸情勢に目を向けつつ，日本人としての自覚をしっかりもって国際理解に努めることである。

「世界の中の日本人の自覚」という表現には，愛国心と国際理解を相互に関連するものとして捉え，他国の人々や文化を尊重し，国際的視野に立って世界の平和と人類の発展に貢献し，世界から信頼される人間を育成するという意味が込められている。

ところが，在留外国人の増加などに見られるグローバル化の進展は，「日本人」という概念それ自体の解釈を多様なものとしている。グローバルな社会の中で「日本人」としてのアイデンティティをどう捉えるのか。さらには，愛国心と国際理解とをつなぐ新しい価値の創出をどのように図るかは現代が直面している課題であると同時に，道徳科が取り組むべき現代的な課題である。

さらに，「平成29年版学習指導要領」の前文には，「持続可能な社会の創り手となることができるようにすることが求められる」と明記された。持続可能な社会の視点は，2008（平成20）年告示の学習指導要領でも提唱されたが，これは2015（平成27）年に国連で採択されたSDGsの課題とも結び付くものである。

SDGsとは，「持続可能な開発目標（Sustainable Development Goals）」を意味しており，先進国を含む国際社会の包括的な開発目標である。SDGsは，「地球上の誰一人として取り残さない（No one will be left behind)」ことを理念とし17の目標から構成されている。17の目標は，People（人間），Prosperity（豊かさ），Planet（地球），Peace（平和），Partnership（パートナーシップ）の「5つのP」をキーワードとする

図15-1　世界を変えるための17の目標（国連広報センター）

ことで整理することができる。

　SDGs は従来の国際理解教育や人権教育等の取組みを基盤として，環境，経済，社会，文化などの側面から地球規模の課題解決に臨むことで持続可能な社会を構築する担い手を育成することを目指すものである。このことは，道徳教育の目的とも重なるものであり，SDGs の目標を道徳科の学びとどのように結び付け，構造化するかは今後の道徳教育を考えるための重要な視点である。

4．おわりに

　道徳科の設置によって，道徳教育の歴史が新たな段階へと進んだことは否定できない。しかし，道徳科が設置されたことで，学校教育における様々な教育問題が一気に解決するわけではなく，児童生徒がすぐに「道徳的」となるわけでもない。人間としての生き方や在り方，他者との関わり方を対象とする道徳教育は，それ自体が本来的に難しく，困難な課

題であり，あらかじめ明確な解答が前提とされているわけではない。だからこそ，私たちはよりよい生き方や在り方，他者との関わり方を目指して，「考えること」「議論すること」を積み重ねる努力が必要となる。

　道徳教育は，よりよい自分の生き方やよりよい社会の実現を目指すものである以上，その模索に終わりはない。なぜなら，「よりよい」という言葉には，正解が用意されているわけではなく，常に高い目標を求め，目指すことが求められるからである。そのため，「考え，議論する道徳」のあり方にも明確な正解があるわけではなく，「自ら考え，他者と対話し協働しながら，より良い方向を模索し続ける」ことで正解に近づく努力を続けることが不可欠となる。

　もちろんこのことは，児童生徒だけではなく，学校・教師の側にも切実に求められる。道徳科の授業が，「主体的・対話的で深い学び」の視点を取り入れた実践となるためには，何よりも教師自身が「アクティブ・ラーナー」（主体的・能動的な学習者）となる必要があるからである。

　これからの道徳教育には，道徳教育の本質を見据えながら，政治的イデオロギー論に基づく対立に足を掬われることのない地道で着実な研究と議論を重ねていくことが求められる。その研究と実践の積み重ねこそが，児童生徒の道徳性を養うという道徳教育の目的を実現することにつながるからである。

　「雨降って地固まる」という言葉がある。新しいものが創造されるためには，混沌（カオス）が必要であり，混沌（カオス）を潜り抜けたところに可能性が拓かれるという意味である。道徳教育の新たな段階に直面して，様々な課題が表面化し，それを克服するために混沌（カオス）が生じることは必然である。しかし，新しい道徳教育の創造が混乱（カオス）の中から創出されるとすれば，よりよい道徳教育を巡る様々な混沌（カオス）が生じることはそれ自体が望ましく，喜ばしいことでもあ

る。これからの道徳教育の展望を切り拓くためには，人間としての生き方と在り方と向き合い，将来のよりよい社会を築くために，眼前に広がる混沌（カオス）を怖れることなく，真摯な議論を積み重ねていくことが不可欠である。

引用・参考文献

押谷由夫・柳沼良太編『道徳の時代をつくる！―道徳教科化への提言―』（教育出版，2014年）

松本美奈・貝塚茂樹他編『特別の教科　道徳Ｑ＆Ａ』（ミネルヴァ書房，2016年）

押谷由夫編『平成29年改訂　小学校教育課程実践講座　特別の教科　道徳』（ぎょうせい，2017年）

吉富芳正編『「深く学ぶ」子供を育てる学級づくり・授業づくり』（ぎょうせい，2017年）

文部科学省編『小学校学習指導要領（平成29年告示）解説　特別の教科　道徳』（廣済堂あかつき，2018年）

文部科学省編『中学校学習指導要領（平成29年告示）解説　特別の教科　道徳』（教育出版，2018年）

貝塚茂樹『戦後日本と道徳教育―教科化・教育勅語・愛国心―』（ミネルヴァ書房，2020年）

貝塚茂樹『新時代の道徳教育―「考え，議論する」ための15章』（ミネルヴァ書房，2020年）

学習課題

1．道徳科設置の意義と課題について考えてみよう。
2．道徳科のこれからの課題について自分なりに考えてみよう。
3．道徳教育がどうすれば充実するかを自分なりに考えてみよう。

226

巻末資料

小学校学習指導要領（平成29年告示）
（抄）

第1章　総則
第1　小学校教育の基本と教育課程の役割
2　（略）
(2)道徳教育や体験活動，多様な表現や鑑賞
の活動等を通して，豊かな心や創造性の
涵養を目指した教育の充実に努めるこ
と。

　学校における道徳教育は，特別の教科
である道徳（以下「道徳科」という。）
を要として学校の教育活動全体を通じて
行うものであり。道徳科はもとより，各
教科，外国語活動，総合的な学習の時間
及び特別活動のそれぞれの特質に応じ
て，児童の発達の段階を考慮して，適切
な指導を行うこと。道徳教育は，教育基
本法及び学校教育法に定められた教育の
根本精神に基づき，自己の生き力を考え，
主体的な判断の下に行動し，自立した人
間として他者と共によりよく生きるため
の基盤となる道徳性を養うことを目標と
すること。

　道徳教育を進めるに当たっては，人間
尊重の精神と生命に対する畏敬の念を家
庭，学校，その他社会における具体的な
生活の中に生かし，豊かな心をもち，伝
統と文化を尊重し，それらを育んできた
我が国と郷土を愛し，個性豊かな文化の
創造を図るとともに，平和で民主的な国
家及び社会の形成者として，公共の精神
を尊び，社会及び国家の発展に努め，他
国を尊重し，国際社会の平和と発展や環
境の保全に貢献し未来を拓く主体性のあ
る日本人の育成に資することとなるよう

特に留意すること。
第6　道徳教育に関する配慮事項
道徳教育を進めるに当たっては，道徳教育の
特質を踏まえ，前項までに示す事項に加え，
次の事項に配慮するものとする。
1　各学校においては，第1の2の（2）に
示す道徳教育の目標を踏まえ，道徳教育
の全体計画を作成し，校長の方針の下に，
道徳教育の推進を主に担当する教師（以
下「道徳教育推進教師」という。）を中
心に，全教師が協力して道徳教育を展開
すること。なお，道徳教育の全体計画の
作成に当たっては，児童や学校，地域の
実態を考慮して，学校の道徳教育の重点
目標を設定するとともに，道徳科の指導
方針，第3章特別の教科道徳の第2に示
す内容との関連を踏まえた各教科，外国
語活動，総合的な学習の時間及び特別活
動における指導の内容及び時期並びに家
庭や地域社会との連携の方法を示すこ
と。
2　各学校においては，児童の発達の段階や
特性等を踏まえ，指導内容の重点化を図
ること。その際，各学年を通じて，自立
心や自律性，生命を尊重する心や他者を
思いやる心を育てることに留意するこ
と。また，各学年段階においては，次の
事項に留意すること。
(1)第1学年及び第2学年においては，挨拶
などの基本的な生活習慣を身に付けるこ
と，善悪を判断し，してはならないこと
をしないこと，社会生活上のきまりを守
ること。
(2)第3学年及び第4学年においては，善悪
を判断し，正しいと判断したことを行う

こと，身近な人々と協力し助け合うこと，集団や社会のきまりを守ること。
(3) 第5学年及び第6学年においては，相手の考え方や立場を理解して支え合うこと，法やきまりの意義を理解して進んで守ること，集団生活の充実に努めること，伝統と文化を尊重し，それらを育んできた我が国と郷土を愛するとともに，他国を尊重すること。
3 学校や学級内の人間関係や環境を整えるとともに，集団宿泊活動やボランティア活動，自然体験活動，地域の行事への参加などの豊かな体験を充実すること。また，道徳教育の指導内容が，児童の日常生活に生かされるようにすること。その際，いじめの防止や安全の確保等にも資することとなるよう留意すること。
4 学校の道徳教育の全体計画や道徳教育に関する諸活動などの情報を積極的に公表したり，道徳教育の充実のために家庭や地域の人々の積極的な参加や協力を得たりするなど，家庭や地域社会との共通理解を深め，相互の連携を図ること。

第3章 特別の教科 道徳
第1 目標
第1章総則の第1の2の（2）に示す道徳教育の目標に基づき，よりよく生きるための基盤となる道徳性を養うため，道徳的諸価値についての理解を基に，自己を見つめ，物事を多面的・多角的に考え，自己の生き方についての考えを深める学習を通して，道徳的な判断力，心情，実践意欲と態度を育てる。
第2 内容（略）
第3 指導計画の作成と内容の取扱い
1 各学校においては，道徳教育の全体計画に基づき，各教科，外国語活動，総合的な学習の時間及び特別活動との関連を考慮しながら，道徳科の年間指導計画を作成するものとする。なお，作成に当たっては，第2に示す各学年段階の内容項目について，相当する各学年において全て取り上げることとする。その際，児童や学校の実態に応じ，2学年間を見通した重点的な指導や内容項目間の関連を密にした指導，一つの内容項目を複数の時間で扱う指導を取り入れるなどの工夫を行うものとする。
2 第2の内容の指導に当たっては，次の事項に配慮するものとする。
(1) 校長や教頭などの参加，他の教師との協力的な指導などについて工夫し，道徳教育推進教師を中心とした指導体制を充実すること。
(2) 道徳科が学校の教育活動全体を通じて行う道徳教育の要としての役割を果たすことができるよう，計画的・発展的な指導を行うこと。特に，各教科，外国語活動，総合的な学習の時間及び特別活動における道徳教育としては取り扱う機会が十分でない内容項目に関わる指導を補うことや，児童や学校の実態等を踏まえて指導をより一層深めること，内容項目の相互の関連を捉え直したり発展させたりすることに留意すること。
(3) 児童が自ら道徳性を養う中で，自らを振り返って成長を実感したり，これからの課題や目標を見付けたりすることができるよう工夫すること。その際，道徳性を養うことの意義について，児童自らが考え，理解し，主体的に学習に取り組むことができるようにすること。
(4) 児童が多様な感じ方や考え方に接する中で，考えを深め，判断し，表現する力などを育むことができるよう，自分の考えを基に話し合ったり書いたりするなどの

言語活動を充実すること。

(5)児童の発達の段階や特性等を考慮し，指導のねらいに即して，問題解決的な学習，道徳的行為に関する体験的な学習等を適切に取り入れるなど，指導方法を工夫すること。その際，それらの活動を通じて学んだ内容の意義などについて考えることができるようにすること。また，特別活動等における多様な実践活動や体験活動も道徳科の授業に生かすようにすること。

(6)児童の発達の段階や特性等を考慮し，第2に示す内容との関連を踏まえつつ，情報モラルに関する指導を充実すること。また，児童の発達の段階や特性等を考慮し，例えば，社会の持続可能な発展などの現代的な課題の取扱いにも留意し，身近な社会的課題を自分との関係において考え，それらの解決に寄与しようとする意欲や態度を育てるよう努めること，なお，多様な見方や考え方のできる事柄について，特定の，見方や考え方に偏った指導を行うことのないようにすること。

(7)道徳科の授業を公開したり，授業の実施や地域教材の開発や活用などに家庭や地域の人々，各分野の専門家等の積極的な参加や協力を得たりするなど，家庭や地域社会との共通理解を深め，相互の連携を図ること。

3 教材については，次の事項に留意するものとする。

(1)児童の発達の段階や特性，地域の実情等を考慮し，多様な教材の活用に努めること。特に，生命の尊厳，自然，伝統と文化，先人の伝記，スポーツ，情報化への対応等の現代的な課題などを題材とし，児童が問題意識をもって多面的・多角的に考えたり，感動を覚えたりするような

充実した教材の開発や活用を行うこと。

(2)教材については，教育基本法や学校教育法その他の法令に従い，次の観点に照らし適切と判断されるものであること。

ア 児童の発達の段階に即し，ねらいを達成するのにふさわしいものであること。

イ 人間尊重の精神にかなうものであって，悩みや葛藤等の心の揺れ，人間関係の理解等の課題も含め，児童が深く考えることができ，人間としてよりよく生きる喜びや勇気を与えられるものであること。

ウ 多様な見方や考え方のできる事柄を取り扱う場合には，特定の見方や考え方に偏った取扱いがなされていないものであること。

4 児童の学習状況や道徳性に係る成長の様子を継続的に把握し，指導に生かすよう努める必要がある。ただし，数値などによる評価は行わないものとする。

中学校学習指導要領（平成29年告示）（抄）

第1章 総則

第1 中学校教育の基本と教育課程の役割

2 （略）

(2)道徳教育や体験活動，多様な表現や鑑賞の活動等を通して，豊かな心や創造性の涵養を目指した教育の充実に努めること。

学校における道徳教育は，特別の教科である道徳（以下「道徳科」という。）を要として学校の教育活動全体を通じて行うものであり，道徳科はもとより，各教科，総合的な学習の時間及び特別活動のそれぞれの特質に応じて，生徒の発達の段階を考慮して，適切な指導を行うこ

と。

道徳教育は，教育基本法及び学校教育法に定められた教育の根本精神に基づき，人間としての生き方を考え，主体的な判断の下に行動し，自立した人間として他者と共によりよく生きるための基盤となる道徳性を養うことを目標とすること。

道徳教育を進めるに当たっては，人間尊重の精神と生命に対する畏敬の念を家庭，学校，その他社会における具体的な生活の中に生かし，豊かな心をもち，伝統と文化を尊重し，それらを育んできた我が国と郷土を愛し，個性豊かな文化の創造を図るとともに，平和で民主的な国家及び社会の形成者として，公共の精神を尊び，社会及び国家の発展に努め，他国を尊重し，国際社会の平和と発展や環境の保全に貢献し未来を拓く主体性のある日本人の育成に資することとなるよう特に留意すること。

第6　道徳教育に関する配慮事項

道徳教育を進めるに当たっては，道徳教育の特質を踏まえ，前項までに示す事項に加え，次の事項に配慮するものとする。

1　各学校においては，第1の2の（2）に示す道徳教育の目標を踏まえ，道徳教育の全体計画を作成し，校長の方針の下に，道徳教育の推進を主に担当する教師（以下「道徳教育推進教師」という。）を中心に，全教師が協力して道徳教育を展開すること。なお，道徳教育の全体計画の作成に当たっては，生徒や学校，地域の実態を考慮して，学校の道徳教育の重点目標を設定するとともに，道徳科の指導方針，第3章特別の教科道徳の第2に示す内容との関連を踏まえた各教科，総合的な学習の時間及び特別活動における指導の内容及び時期並びに家庭や地域社会との連携の方法を示すこと。

2　各学校においては，生徒の発達の段階や特性等を踏まえ，指導内容の重点化を図ること，その際，小学校における道徳教育の指導内容を更に発展させ，自立心や自律性を高め，規律ある生活をすること，生命を尊重する心や自らの弱さを克服して気高く生きようとする心を育てること，法やきまりの意義に関する理解を深めること，自らの将来の生き方を考え主体的に社会の形成に参画する意欲と態度を養うこと，伝統と文化を尊重し，それらを育んできた我が国と郷土を愛するとともに，他国を尊重すること，国際社会に生きる日本人としての自覚を身に付けることに留意すること。

3　学校や学級内の人間関係や環境を整えるとともに，職場体験活動やボランティア活動，自然体験活動，地域の行事への参加などの豊かな体験を充実すること，また，道徳教育の指導内容が，生徒の日常生活に生かされるようにすること，その際，いじめの防止や安全の確保等にも資することとなるよう留意すること。

4　学校の道徳教育の全体計画や道徳教育に関する諸活動などの情報を積極的に公表したり，道徳教育の充実のために家庭や地域の人々の積極的な参加や協力を得たりするなど，家庭や地域社会との共通理解を深め，相互の連携を図ること。

第3章　特別の教科　道徳

第1　目標

第1章総則の第1の2の（2）に示す道徳教育の目標に基づき，よりよく生きるための基盤となる道徳性を養うため，道徳的諸価値についての理解を基に，自己を見つめ，物事を広い視野から多面的・多角的に考え，人間

としての生き力についての考えを深める学習を通して，道徳的な判断力，心情，実践意欲と態度を育てる。

第2　内容（略）

第3　指導計画の作成と内容の取扱い

1　各学校においては，道徳教育の全体計画に基づき，各教科，総合的な学習の時間及び特別活動との関連を考慮しながら，道徳科の年間指導計画を作成するものとする。なお，作成に当たっては，第2に示す内容項目について，各学年において全て取り上げることとする。その際，生徒や学校の実態に応じ，3学年間を見通した重点的な指導や内容項目間の関連を密にした指導，一つの内容項目を複数の時間で扱う指導を取り入れるなどの工夫を行うものとする。

2　第2の内容の指導に当たっては，次の事項に配慮するものとする。

(1)学級担任の教師が行うことを原則とするが，校長や教頭などの参加，他の教師との協力的な指導などについて工夫し，道徳教育推進教師を中心とした指導体制を充実すること。

(2)道徳科が学校の教育活動全体を通じて行う道徳教育の要としての役割を果たすことができるよう，計画的・発展的な指導を行うこと。特に，各教科，総合的な学習の時間及び特別活動における道徳教育としては取り扱う機会が十分でない内容項目に関わる指導を補うことや，生徒や学校の実態等を踏まえて指導をより一層深めること。内容項目の相互の関連を捉え直したり発展させたりすることに留意すること。

(3)生徒が自ら道徳性を養う中で，自らを振り返って成長を実感したり，これからの課題や目標を見付けたりすることができ

るよう工夫すること。その際，道徳性を養うことの意義について，生徒自らが考え，理解し，主体的に学習に取り組むことができるようにすること。また，発達の段階を考慮し，人間としこの弱さを認めながら，それを乗り越えてよりよく生きようとすることのよさについて，教師が生徒と共に考える姿勢を大切にすること。

(4)生徒が多様な感じ方や考え方に接する中で，考えを深め，判断し，表現する力などを育むことができるよう，自分の考えを基に討論したり書いたりするなどの言語活動を充実すること。その際，様々な価値観について多面的・多角的な視点から振り返って考える機会を設けるとともに，生徒が多様な見方や考え方に接しながら，更に新しい見方や考え方を生み出していくことができるよう留意すること。

(5)生徒の発達の段階や特性等を考慮し，指導のねらいに即して，問題解決的な学習，道徳的行為に関する体験的な学習等を適切に取り入れるなど，指導方法を工夫すること，その際，それらの活動を通じて学んだ内容の意義などについて考えることができるようにすること。また，特別活動等における多様な実践活動や体験活動も道徳科の授業に生かすようにすること。

(6)生徒の発達の段階や特性等を考慮し，第2に示す内容との関連を踏まえつつ，情報モラルに関する指導を充実すること。また，例えば，科学技術の発展と生命倫理との関係や社会の持続可能な発展などの現代的な課題の取扱いにも留意し，身近な社会的課題を自分との関係において考え，その解決に向けて取り組もうとす

る意欲や態度を育てるよう努めること。なお、多様な見方や考え方のできる事柄について、特定の見方や考え方に偏った指導を行うことのないようにすること。

(7)道徳科の授業を公開したり、授業の実施や地域教材の開発や活用などに家庭や地域の人々、各分野の専門家等の積極的な参加や協力を得たりするなど、家庭や地域社会との共通理解を深め、相互の連携を図ること。

3　教材については、次の事項に留意するものとする。

(1)生徒の発達の段階や特性、地域の実情等を考慮し、多様な教材の活用に努めること。特に、生命の尊厳、社会参画、自然、伝統と文化、先人の伝記、スポーツ、情報化への対応等の現代的な課題などを題材とし、生徒が問題意識をもって多面的・多角的に考えたり、感動を覚えたりするような充実した教材の開発や活用を行うこと。

(2)教材については、教育基本法や学校教育法その他の法令に従い、次の観点に照らし適切と判断されるものであること。

ア　生徒の発達の段階に即し。ねらいを達成するのにふさわしいものであること。

イ　人間尊重の精神にかなうものであって、悩みや葛藤等の心の揺れ、人間関係の理解等の課題も含め、生徒が深く考えることができ、人間としてよりよく生きる喜びや勇気を与えられるものであること。

ウ　多様な見方や考え方のできる事柄を取り扱う場合には、特定の見方や考え方に偏った取扱いがなされていないものであること。

4　生徒の学習状況や道徳性に係る成長の様子を継続的に把握し、指導に生かすよう努める必要がある。ただし、数値などによる評価は行わないものとする。

内容項目一覧（文部科学省（2017）「小学校（中学校）学習指導要領（平成29年告示）解説 特別の教科 道徳編」）

	小学校第1学年及び第2学年（19）	小学校第3学年及び第4学年（20）
A　主として自分自身に関すること		
善悪の判断，自律，自由と責任	（1）　よいことと悪いこととの区別をし，よいと思うことを進んで行うこと。	（1）　正しいと判断したことは，自信をもって行うこと。
正直，誠実	（2）　うそをついたりごまかしをしたりしないで，素直に伸び伸びと生活すること。	（2）　過ちは素直に改め，正直に明るい心で生活すること。
節度，節制	（3）　健康や安全に気を付け，物や金銭を大切にし，身の回りを整え，わがままをしないで，規則正しい生活をすること。	（3）　自分でできることは自分でやり，安全に気を付け，よく考えて行動し，節度のある生活をすること。
個性の伸長	（4）　自分の特徴に気付くこと。	（4）　自分の特徴に気付き，長所を伸ばすこと。
希望と勇気，努力と強い意志	（5）　自分のやるべき勉強や仕事をしっかりと行うこと。	（5）　自分でやろうと決めた目標に向かって，強い意志をもち，粘り強くやり抜くこと。
真理の探究		
B　主として人との関わりに関すること		
親切，思いやり	（6）　身近にいる人に温かい心で接し，親切にすること。	（6）　相手のことを思いやり，進んで親切にすること。
感謝	（7）　家族など日頃世話になっている人々に感謝すること。	（7）　家族など生活を支えてくれている人々や現在の生活を築いてくれた高齢者に，尊敬と感謝の気持ちをもって接すること。
礼儀	（8）　気持ちのよい挨拶，言葉遣い，動作などに心掛けて，明るく接すること。	（8）　礼儀の大切さを知り，誰に対しても真心をもって接すること。
友情，信頼	（9）　友達と仲よくし，助け合うこと。	（9）　友達と互いに理解し，信頼し，助け合うこと。
相互理解，寛容		（10）　自分の考えや意見を相手に伝えるとともに，相手のことを理解し，自分と異なる意見も大切にすること。
C　主として集団や社会との関わりに関すること		
規則の尊重	（10）　約束やきまりを守り，みんなが使う物を大切にすること。	（11）　約束や社会のきまりの意義を理解し，それらを守ること。
公正，公平，社会正義	（11）　自分の好き嫌いにとらわれないで接すること。	（12）　誰に対しても分け隔てをせず，公正，公平な態度で接すること。
勤労，公共の精神	（12）　働くことのよさを知り，みんなのために働くこと。	（13）　働くことの大切さを知り，進んでみんなのために働くこと。
家族愛，家庭生活の充実	（13）　父母，祖父母を敬愛し，進んで家の手伝いなどをして，家族の役に立つこと。	（14）　父母，祖父母を敬愛し，家族みんなで協力し合って楽しい家庭をつくること。
よりよい学校生活，集団生活の充実	（14）　先生を敬愛し，学校の人々に親しんで，学級や学校の生活を楽しくすること。	（15）　先生や学校の人々を敬愛し，みんなで協力し合って楽しい学級や学校をつくること。
伝統と文化の尊重，国や郷土を愛する態度	（15）　我が国や郷土の文化と生活に親しみ，愛着をもつこと。	（16）　我が国や郷土の伝統と文化を大切にし，国や郷土を愛する心をもつこと。
国際理解，国際親善	（16）　他国の人々や文化に親しむこと。	（17）　他国の人々や文化に親しみ，関心をもつこと。
D　主として生命や自然，崇高なものとの関わりに関すること		
生命の尊さ	（17）　生きることのすばらしさを知り，生命を大切にすること。	（18）　生命の尊さを知り，生命あるものを大切にすること。
自然愛護	（18）　身近な自然に親しみ，動植物に優しい心で接すること。	（19）　自然のすばらしさや不思議さを感じ取り，自然や動植物を大切にすること。
感動，畏敬の念	（19）　美しいものに触れ，すがすがしい心をもつこと。	（20）　美しいものや気高いものに感動する心をもつこと。
よりよく生きる喜び		

小学校第5学年及び第6学年 (22)	中学校 (22)	
A 主として自分自身に関すること		
(1) 自由を大切にし、自律的に判断し、責任のある行動をすること。	(1) 自律の精神を重んじ、自主的に考え、判断し、誠実に実行してその結果に責任をもつこと。	自主、自律、自由と責任
(2) 誠実に、明るい心で生活すること。		
(3) 安全に気を付けることや、生活習慣の大切さについて理解し、自分の生活を見直し、節度を守り節制に心掛けること。	(2) 望ましい生活習慣を身に付け、心身の健康の増進を図り、節度を守り節制に心掛け、安全で調和のある生活をすること。	節度、節制
(4) 自分の特徴を知って、短所を改め長所を伸ばすこと。	(3) 自己を見つめ、自己の向上を図るとともに、個性を伸ばして充実した生き方を追求すること。	向上心、個性の伸長
(5) より高い目標を立て、希望と勇気をもち、困難があってもくじけずに努力して物事をやり抜くこと。	(4) より高い目標を設定し、その達成を目指し、希望と勇気をもち、困難や失敗を乗り越えて着実にやり遂げること。	希望と勇気、克己と強い意志
(6) 真理を大切にし、物事を探究しようとする心をもつこと。	(5) 真実を大切にし、真理を探究して新しいものを生み出そうと努めること。	真理の探究、創造
B 主として人との関わりに関すること		
(7) 誰に対しても思いやりの心をもち、相手の立場に立って親切にすること。	(6) 思いやりの心をもって人と接するとともに、家族などの支えや多くの人々の善意により日々の生活や現在の自分があることに感謝し、進んでそれに応え、人間愛の精神を深めること。	思いやり、感謝
(8) 日々の生活が家族や過去からの多くの人々の支え合いや助け合いで成り立っていることに感謝し、それに応えること。		
(9) 時と場をわきまえて、礼儀正しく真心をもって接すること。	(7) 礼儀の意義を理解し、時と場に応じた適切な言動をとること。	礼儀
(10) 友達と互いに信頼し、学び合って友情を深め、異性についても理解しながら、人間関係を築いていくこと。	(8) 友情の尊さを理解して心から信頼できる友達をもち、互いに励まし合い、高め合うとともに、異性についての理解を深め、悩みや葛藤も経験しながら人間関係を深めていくこと。	友情、信頼
(11) 自分の考えや意見を相手に伝えるとともに、謙虚な心をもち、広い心で自分と異なる意見や立場を尊重すること。	(9) 自分の考えや意見を相手に伝えるとともに、それぞれの個性や立場を尊重し、いろいろなものの見方や考え方があることを理解し、寛容の心をもって謙虚に他に学び、自らを高めていくこと。	相互理解、寛容
C 主として集団や社会との関わりに関すること		
(12) 法やきまりの意義を理解した上で進んでそれらを守り、自他の権利を大切にし、義務を果たすこと。	(10) 法やきまりの意義を理解し、それらを進んで守るとともに、そのよりよい在り方について考え、自他の権利を大切にし、義務を果たして、規律ある安定した社会の実現に努めること。	遵法精神、公徳心
(13) 誰に対しても差別をすることや偏見をもつことなく、公正、公平な態度で接し、正義の実現に努めること。	(11) 正義と公正さを重んじ、誰に対しても公平に接し、差別や偏見のない社会の実現に努めること。	公正、公平、社会正義
(14) 働くことや社会に奉仕することの充実感を味わうとともに、その意義を理解し、公共のために役に立つことをすること。	(12) 社会参画の意識と社会連帯の自覚を高め、公共の精神をもってよりよい社会の実現に努めること。	社会参画、公共の精神
	(13) 勤労の尊さや意義を理解し、将来の生き方について考えを深め、勤労を通じて社会に貢献すること。	勤労
(15) 父母、祖父母を敬愛し、家族の幸せを求めて、進んで役に立つことをすること。	(14) 父母、祖父母を敬愛し、家族の一員としての自覚をもって充実した家庭生活を築くこと。	家族愛、家庭生活の充実
(16) 先生や学校の人々を敬愛し、みんなで協力し合ってよりよい学級や学校をつくるとともに、様々な集団の中での自分の役割を自覚して集団生活の充実に努めること。	(15) 教師や学校の人々を敬愛し、学級や学校の一員としての自覚をもち、協力し合ってよりよい校風をつくるとともに、様々な集団の意義や集団の中での自分の役割と責任を自覚して集団生活の充実に努めること。	よりよい学校生活、集団生活の充実
(17) 我が国や郷土の伝統と文化を大切にし、先人の努力を知り、国や郷土を愛する心をもつこと。	(16) 郷土の伝統と文化を大切にし、社会に尽くした先人や高齢者に尊敬の念を深め、地域社会の一員としての自覚をもって郷土を愛し、進んで郷土の発展に努めること。	郷土の伝統と文化の尊重、郷土を愛する態度
	(17) 優れた伝統の継承と新しい文化の創造に貢献するとともに、日本人としての自覚をもって国家及び社会の形成者として、その発展に努めること。	我が国の伝統と文化の尊重、国を愛する態度
(18) 他国の人々や文化について理解し、日本人としての自覚をもって国際親善に努めること。	(18) 世界の中の日本人としての自覚をもち、他国を尊重し、国際的視野に立って、世界の平和と人類の発展に寄与すること。	国際理解、国際貢献
D 主として生命や自然、崇高なものとの関わりに関すること		
(19) 生命が多くの生命のつながりの中にあるかけがえのないものであることを理解し、生命を尊重すること。	(19) 生命の尊さについて、その連続性や有限性なども含めて理解し、かけがえのない生命を尊重すること。	生命の尊さ
(20) 自然の偉大さを知り、自然環境を大切にすること。	(20) 自然の崇高さを知り、自然環境を大切にすることの意義を理解し、進んで自然の愛護に努めること。	自然愛護
(21) 美しいものや気高いものに感動する心や人間の力を超えたものに対する畏敬の念をもつこと。	(21) 美しいものや気高いものに感動する心をもち、人間の力を超えたものに対する畏敬の念を深めること。	感動、畏敬の念
(22) よりよく生きようとする人間の強さや気高さを理解し、人間として生きる喜びを感じること。	(22) 人間には自らの弱さや醜さを克服する強さや気高く生きようとする心があることを理解し、人間として生きることに喜びを見いだすこと。	よりよく生きる喜び

道徳科における質の高い多様な指導方法について
（道徳教育に係る評価等の在り方に関する専門家会議「特別の教科道徳」の指導方法・評価等について（報告）」2016（平成28）年７月）

道徳科における質の高い多様な指導方法について（イメージ）　別　紙　１

※以下の指導方法は，本専門家会議における事例発表をもとに作成。したがってこれらは多様な指導方法の一例であり，指導方法はこれらに限定されるものではない。道徳科を指導する教員が学習指導要領の改訂の趣旨をしっかり把握した上で，学校の実態，児童生徒の実態を踏まえ，授業の主題やねらいに応じた適切な指導方法を選択することが重要。

※以下の指導方法は，それぞれが独立した指導の「型」を示しているわけではない。それぞれに様々な展開が考えられ，例えば読み物教材を活用しつつ問題解決的な学習を取り入れるなど，それぞれの要素を組み合わせた指導を行うことも考えられる。

		読み物教材の登場人物への自我関与が中心の学習	問題解決的な学習	道徳的行為に関する体験的な学習	
ねらい		教材の登場人物の判断や心情を自分との関わりで多面的・多角的に考えることなどを通して，道徳的諸価値の理解を深める。	問題解決的な学習を通して，道徳的な問題を多面的・多角的に考え，児童生徒一人一人が生きる上で出会う様々な問題や課題を主体的に解決するために必要な資質・能力を養う。	役割演技などの疑似体験的な表現活動などを通して，道徳的価値の理解を深め，様々な課題や問題を主体的に解決するために必要な資質・能力を養う。	
		学習指導要領においては，道徳科の目標を「道徳性を養うため，道徳的諸価値についての理解を基に，自己をみつめ，物事を（広い視野から）多面的・多角的に考え，自己（人として）の生き方についての考えを深める学習を通して，道徳的な判断力，心情，実践意欲と態度を育てる」と定めている。この目標をしっかり踏まえたものでなければ道徳科の指導とは言えない。			
具体例	導入	道徳的価値に関する内容の提示 　教師の話や発問を通して，本時に扱う道徳的価値へ方向付ける。	問題の発見や道徳的価値の想起など ・教材や日常生活から道徳的な問題をみつける ・自分たちのこれまでの道徳的価値の捉え方を想起し，道徳的価値の本当の意味や意義への問いを持つ（原理・根拠・適用への問い）。	道徳的価値を実現する行為に関する問題場面の提示など ・教材の中に含まれる道徳的諸価値に関わる葛藤場面を把握する。 ・日常生活で，大切さが分かっていてもなかなか実践できない道徳的行為を想起し，問題意識を持つ。	主題やねらいの設定が不十分な単なる生活経験の話合い
	展開	登場人物への自我関与 　教材を読んで，登場人物の判断や心情を類推することを通して，道徳的価値を自分との関わりで考える。 【教師の主な発問例】 ・どうして主人公は，○○という行動を取ることができたのだろう（又はできなかったのだろう）。 ・主人公はどういう思いをもって△△△という判断をしたのだろう。 ・自分だったら主人公のように考え，行動することができるだろうか。 振り返り 　本時の授業を振り返り，道徳的価値を自分との関係で捉えたり，それらを交流して自分の考えを深めたりする。	問題の探究（道徳的な問題状況の分析・解決策の構想など） ・道徳的な問題について，グループなどで話し合い，なぜ問題となっているのか，問題をよりよく解決するためにはどのような行動をとればよいのかなどについて多面的・多角的に考え議論を深める。 ・グループでの話し合いなどを通して道徳的問題や道徳的価値について多面的・多角的に考え，議論を深める。 ・道徳的な問題場面に対する解決策を構想し，多面的に検討する。 【教師の主な発問例】 ・ここでは，何が問題になっていますか。 ・何と何で迷っていますか。 ・なぜ，■■（道徳的諸価値）は大切なのでしょう。 ・どうすれば■■（道徳的諸価値）が実現できるのでしょう。 ・同じ場面に出会ったら自分ならどう行動するでしょう。 ・なぜ，自分はそのように行動するのでしょう。 ・よりよい解決方法にはどのようなものが考えられるでしょう。 探究のまとめ （解決策の選択や決定・諸価値の理解の深化・課題発見） ・問題を解決する上で大切にした道徳的価値について，なぜそれらを大切にしたのかなどについて話し合い等を通じて考える。 ・問題場面に対する自分なりの解決策を選択・決定する中で，実現したい道徳的価値の意義や意味への理解を深める。 ・考えた解決策を身近な問題に適用して，自分の考えを再考する。 ・問題の探究を振り返って，新たな問いや自分の課題を導き出す。	道徳的な問題場面の把握や考察など ・道徳的行為を実践するには勇気がいることなど，道徳的価値を実現に移すためにどんな心構えや態度が必要かを考える。 ・価値が実現できない状況が含まれた教材で，何が問題になっているかを考える。 問題場面の役割演技や道徳的行為に関する体験的な活動の実施など ・ペアやグループをつくり，実際の問題場面を役割演技で再現し，登場人物の葛藤などを理解する。 ・実際に問題場面を設定し，道徳的行為を体験し，その行為をすることの難しさなどを理解する。 道徳的価値の意味の考察など ・役割演技や道徳的行為を体験したり，それらの様子を見たりしたことをもとに，多面的・多角的な視点から問題場面や取り得る行動について考え，道徳的価値の意味や実現するために大切なことを考える。 ・同様の新たな場面を提示して，取りうる行動を再現して，道徳的価値や実現することが大切なことを体感することを通して実生活における問題の解決に見通しをもたせる。	
	終末	まとめ ・教師による説話。 ・本時を振り返り，本時で学習したことを今後どのように生かすことができるかを考える。 ・道徳的諸価値に関する根本的な問いに対し，自分なりの考えをまとめる。 ・感想を聞き合ったり，ワークシートに記入したりして，学習で気付いたこと，学んだことを振り返る。			

	×	読み物教材の登場人物への自我関与が中心の学習	問題解決的な学習	道徳的行為に関する体験的な学習	×
指導方法の効果	登場人物の心情理解のみの指導	・子供たちが読み物教材の登場人物に託して自らの考えや気持ちを素直に語る中で、道徳的価値の理解を図る指導方法として効果的。	・出会った道徳的な問題に対処しようとする資質・能力を養う指導方法として有効。 ・他者と対話や協働しつつ問題解決する中で、新たな価値や考えを発見・創造する可能性。 ・問題の解決を求める探究の先に新たな「問い」が生まれるという問題解決的なプロセスに価値。	・心情と行為とをすり合わせることにより、無意識の行為を意識化することができ、様々な課題や問題を主体的に解決するために必要な資質・能力を養う指導方法として有効。 ・体験的な学習を通して、取り得る行為を考え選択させることで内面も強化していくことが可能。	主題やねらいの設定が不十分な単なる生活経験の話合い
		道徳的諸価値に関わる問題について多様な他者と考え、議論する中で、多面的・多角的な見方へと発展し、道徳的諸価値の理解を自分自身との関わりで深めることが可能。			
指導上の留意点		・教師に明確な主題設定がなく、指導観に基づく発問でなければ、「登場人物の心情理解のみの指導」になりかねない。	明確なテーマ設定のもと、 ・多面的・多角的な思考を促す「問い」が設定されているか。 ・上記「問い」の設定を可能とする教材が選択されているか。 ・議論し、探求するプロセスが重視されているか。 といった検討や準備がなければ、単なる「話合い」の時間になりかねない。	明確なテーマのもと ・心情と行為との葛藤や葛藤を意識化させ、多面的・多角的な思考を促す問題場面が設定されているか。 ・上記問題場面の設定を可能とする教材が選択されているか。 といった検討や準備がなければ、主題設定の不十分な生徒・生活指導になりかねない。	
評価		・個人内評価を記述式で行う。 　※児童生徒のよい点を褒めたり、さらなる改善が望まれる点を指摘したりするなど、児童生徒の発達の段階に応じ励ましていく評価。 ・道徳科の学習において、その学習活動を踏まえ、観察や会話、作文やノートなどの記述、質問紙などを通して、例えば、 　○他者の考え方や議論に触れ、自律的に思考する中で、一面的な見方から多面的・多角的な見方へと発展しているか 　○多面的・多角的な思考の中で、道徳的価値の理解を自分自身との関わりの中で深めているか といった点に注目する必要。 ・学習状況や道徳性に係る成長の様子を把握するための工夫が必要。 ・妥当性・信頼性の確保のため組織的な取組が必要。			

索 引

●配列は五十音順。

●欧 文

AME　89
APNME　89
p4c　181
philosophy for children　181
PSHE　86
SDGs　49, 210
Society 5.0　39
VLF　102, 104

●あ 行

愛国心　72
愛と自由の声　102
アクティブ・ラーニング　159
芦田均　67
新しい時代を拓く心を育てるために―次世代を育てる心を失う危機―　74
天野貞祐　63, 69
アリストテレス　25
生きる力　73
いじめ　39, 72, 220
いじめ問題等への対応について（第一次提言）　76, 217
伊藤博文　54
井上毅　54
井上哲次郎　57
内村鑑三不敬事件　58
エピソード評価　190
及川平治　59
オーセンティック評価　191

●か 行

外国語活動　136
学習活動　147

学習指導案　201
学習指導要領　72, 116, 126, 127, 210
学制　51, 113
格律　29
隠れたカリキュラム　133, 135
価値　24, 134
価値観　27
価値的な正しさ　24, 134, 148, 152
価値判断　145, 146
学校教育法施行規則　70, 210
学校ニ於ケル宗教的情操ノ涵養ニ関スル件　62
学校における道徳教育の充実方策について　71
カリキュラム・マネジメント　85, 132, 210
川井訓導事件　61
考え，議論する道徳　79, 158, 210
考える道徳　35, 149
慣習的道徳　14
完全習得学習　187
観点別評価　189
カント　28
期待される人間像　65, 110
基本的人権　47
義務論　27, 28
客観的責任　94
キャリア教育　11
教育課程　126, 127
教育課程審議会　70
教育議　54
教育基本法　75, 110, 217
教育荒廃　72
教育再生実行会議　76, 217
教育刷新委員会　67

教育勅語　51, 65
教育勅語等排除・失効確認決議　68
教育と宗教の衝突　58
教育臨床　11
教学聖旨　53
教学大旨　53
教科書を教える　202
修身口授　52
教材研究　202
共同体主義　27, 33
協同の道徳・自律の道徳　94
ギリガン　99
議論する道徳　35, 149
グローバル化　119
グローバル社会　39
ケア　99
計画的・発展的な指導　132
形式論理　82
形成的評価　187
原初状態　31
拘束の道徳・他律の道徳　94
校内暴力　72
公民科　66
公民教育刷新委員会　66
校務分掌　140
功利主義　27, 29, 31
功利性　30
功利性の原理　30, 31
コールバーグ　95, 176
国際理解　119
国体の本義　61
国定教科書制度　59
国定修身教科書　51, 59
国民学校令　61
国民学校令施行規則　62
国民実践要領　69

「心の教育」答申　74
心のノート　74, 116
国会決議　68
子どものための哲学　81, 87, 181
コミュニタリアニズム　34
コンテンツ　143, 151
コンピテンシー　143, 147, 151

●さ　行
最小国家　32
最大幸福または至福の原理　30
澤柳政太郎　60
三教科停止指令　65
サンデル　33
自我関与　172, 190
資質・能力　143, 147
事実的な正しさ　24
自尊感情　20
実在論　25
質的功利主義　31
質の高い3つの指導法　171
シティズンシップ教育　81, 86
児童中心主義　59
指導要録　193
師範学校　55
社会科　66
社会的視点取得　102
社会的直観モデル　106
社会に開かれた教育課程　216
社会領域理論　100
ジャクソン　136
自由教育　61
宗教教育　83, 110
宗教情報教育　121
宗教的寛容教育　120
宗教的情操　63, 110

宗教的情操の涵養に関する件　113

宗教文化教育　110

宗教リテラシー教育　110, 121

自由主義　27, 30

修身科　51, 65

修身教授改革論　51, 60

重点内容項目　198

宗派教育　110

終末　205, 206

主観的責任　94

儒教・仏教文化圏　84

主体的・対話的で深い学び　79, 135, 210

小学条目二件　53

小学校教則大綱　57

消極的生徒指導　18

情報モラル　39

指令性　96

ジレンマ・ディスカッション　99

人格的特性　145

人格の完成　20, 75, 217

シンギュラリティ　46

人権教育　11, 223

人工知能　39

診断的評価　187

神道指令　114

新日本建設ノ教育方針　115

人物主義　58

臣民の道　61

人倫　12

杉浦重剛　54

杉原千畝　215

スピリチュアリティ　118

スメタナ　101

正義の原理　96

政教分離　110

生徒指導　11, 130, 137

生命に対する畏敬の念　110

西洋　81

積極的生徒指導　18

セルマン　102

戦後教育改革　64

全体計画　138

占領軍　65

総括的評価　187

総合的な学習〔探究〕の時間　136

相対評価　190

総力戦体制　51, 61

●た　行

第一次米国（アメリカ）教育使節団報告書　67

体験の経験化　176

対宗教安全教育　120

大正自由教育運動　59

大正新教育運動　51, 59

大正デモクラシー　59

多様性　91

中央教育審議会　71, 211

中心発問　163, 164, 172

チュリエル　100

超スマート社会　45

勅語及詔書等の取扱について　67

通知表　193

テーマ発問　163, 166

デジタル・タトゥー　44

デューイ　174

展開　205, 206

同調の実験　42

道徳科の特質　148

道徳科のねらい　204

道徳科の目標　206

道徳基盤理論　106

道徳教育重点目標　198
道徳教育推進教師　139
道徳教育に係る評価等の在り方に関する専
　門家会議　78, 171
道徳教育の充実に関する懇談会　76, 158
道徳教育の目標　142, 146, 147, 149
道徳性の発達段階　97, 98
道徳的価値　13, 36, 151, 152, 153
道徳的行為に関する体験的な学習　175
道徳的実践意欲と態度　145, 149
道徳的心情　145, 149
道徳的知の探究　179
道徳的な行為に関する体験的な学習　41
道徳的判断力　145, 149
道徳と法治　84
道徳に係る教育課程の改善等について
　77, 211
道徳ノート　150
道徳の時間　65, 214
導入　205
東洋　81
同和問題　15
徳育論争　51, 54
特別活動　136, 137
特別の教科　道徳　65, 76, 111, 210
徳目　58
徳目主義　58

●な　行
内容項目　36, 151, 153, 154, 155
中曽根康弘　72
西村茂樹　54
21世紀を展望した我が国の教育の在り方に
　ついて（第一次答申）　73
日本教職員組合（日教組）　71
年間指導計画　138, 197

ノージック　32
能勢栄　54

●は　行
ハイト　106
ハインツのジレンマ　95
励ます個人内評価　189
八大教育主張講演会　59
発問　163
パフォーマンス評価　190
場面発問　163, 165
板書　207
ピアジェ　93
非実在論　25
美的な正しさ　24
費用便益分析　30
品性教育　89
部活動　127
福沢諭吉　54
服従の実験　42
富国強兵　51
普遍化可能性　96
普遍性　91
プラトン　25
別様　199
ベンサム　29
弁証法　82
法的拘束力　13
ポートフォリオ評価　190
補助発問　163, 167
翻訳教科書　53

●ま　行
マッキンタイア　33
松永東　69
ミル　31

無知のヴェール　31, 33
命法　28, 29
元田永孚　53
モラルジレンマ授業　176
モラルジレンマ授業における発問　178
森有礼　54
森戸辰男　67
問題解決的な学習　41, 174
文部省訓令第12号　58, 113
文部省対日教組　71

●や　行
役割演技　42
役割取得の原理　96
山縣有朋　55
ユダヤ・キリスト教文化圏　84
ゆとり　73
弓山達也　116
善さ　24, 25, 26, 27, 34

芳川顕正　55
読み物教材　160
読み物教材の登場人物への自我関与が中心
　の学習　172

●ら　行
ライシテ　83
理性　28
理性的道徳　14
リバタリアニズム　30, 32, 33
リベラリズム　30, 32, 33
臨時教育審議会　72
倫理　12
連合国軍最高司令官総司令部(占領軍)　65
錬成　61
ローテーション道徳　200
ロールズ　31, 33
論点整理　173

分担執筆者紹介

（執筆の章順）

走井　洋一 （はしりい・よういち）

・執筆章→2・9・10

1970年	兵庫県に生まれる
2002年	東北大学大学院教育学研究科博士課程後期3年の課程単位取得退学 弘前学院大学を経て現職。
現在	東京家政大学教授，博士（教育学）
専門	教育人間学，道徳教育，キャリア形成
主な著書	『教育的思考の歩み』（共著）（ナカニシヤ出版） 『考える道徳教育──「道徳科」の授業づくり』（共著）（福村出版） 『道徳教育の理論と方法』（共著，編者）（ミネルヴァ書房）

荒木　寿友（あらき・かずとも）

・執筆章→7・11・12・14

1972年	宮崎県に生まれる
2003年	京都大学大学院教育学研究科博士後期課程修了　日本道徳性発達実践学会理事
現在	立命館大学大学院教職研究科教授　博士（教育学）
専門	教育方法学　道徳教育論
主な著書	『学校における対話とコミュニティの形成：コールバーグのジャスト・コミュニティ実践』（三省堂） 『ゼロから学べる道徳科授業づくり』（明治図書） 『未来のための探究的道徳：「問い」にこだわり知を深める授業づくり』（明治図書） 『道徳教育はこうすれば〈もっと〉おもしろい：未来を拓く教育学と心理学のコラボレーション』（北大路書房）

ほか

編著者紹介

林　泰成 (はやし・やすなり)

・執筆章→1・3・6・13

1959年	福井県に生まれる
1991年	同志社大学大学院博士課程後期課程文学研究科単位取得退学
	上越教育大学助教授，附属小学校長，副学長等を経て現職。日本道徳教育学会理事。日本道徳教育方法学会理事。日本道徳性発達実践学会常任理事。
現在	上越教育大学教授，文学修士
専門	道徳教育論，教育哲学
主な著書	『モラルスキルトレーニングスタートブック』（明治図書）『教員養成を哲学する―教育哲学に何ができるか―』（東信堂）『道徳教育の方法―理論と実践―』（左右社）

貝塚　茂樹 (かいづか・しげき)

・執筆章→ 4・5・8・15

1963年	茨城県に生まれる
1993年	筑波大学大学院博士課程教育学研究科単位取得退学
	国立教育政策研究所主任研究官，武蔵野大学助教授等を経て現職。日本道徳教育学会副会長。文部科学省「道徳教育の充実に関する懇談会」委員，中央教育審議会専門委員などを歴任。
現在	武蔵野大学教授，博士（教育学）
専門	日本教育史，道徳教育論
主な著書	『戦後教育改革と道徳教育問題』（日本図書センター）
	『教えることのすすめ―教師・道徳・愛国心―』（明治図書）
	『天野貞祐―道理を信じ，道理に生きる―』（ミネルヴァ書房）
	『戦後日本教育史』（放送大学教育振興会）
	『戦後日本と道徳教育―教科化・教育勅語・愛国心』（ミネルヴァ書房）

ほか

放送大学教材　1529536-1-2111（ラジオ）

道徳教育論

発　行　　2021 年 3 月 20 日　第 1 刷
編著者　　貝塚茂樹・林　泰成
発行所　　一般財団法人　放送大学教育振興会
　　　　　〒 105-0001　東京都港区虎ノ門 1-14-1　郵政福祉琴平ビル
　　　　　電話　03（3502）2750

Printed in Japan　ISBN978-4-595-32242-6　C1337